CADERNO do Futuro

A evolução do caderno

LÍNGUA PORTUGUESA

8º ano
ENSINO FUNDAMENTAL

3ª edição
São Paulo – 2013

Coleção Caderno do Futuro
Língua Portuguesa
© IBEP, 2013

Diretor superintendente	Jorge Yunes
Gerente editorial	Célia de Assis
Editor	Elizabeth Gavioli de Oliveira Silva
	Cícero de Oliveira Silva
Assistente editorial	Karina Danza
Revisão	André Tadashi Odashima
	Berenice Baeder
	Luiz Gustavo Bazana
Coordenadora de arte	Karina Monteiro
Assistente de arte	Marilia Vilela
	Nane Carvalho
Coordenadora de iconografia	Maria do Céu Pires Passuello
Assistente de iconografia	Adriana Neves
	Wilson de Castilho
Produção gráfica	José Antônio Ferraz
Assistente de produção gráfica	Eliane M. M. Ferreira
Projeto gráfico	Departamento de Arte Ibep
Capa	Departamento de Arte Ibep
Editoração eletrônica	N-Publicações

CIP-BRASIL. CATALOGAÇÃO-NA-FONTE
SINDICATO NACIONAL DOS EDITORES DE LIVROS, RJ

S578L
3. ed

Silva, Antonio de Siqueira e.
 Língua portuguesa, 8º ano / Antonio de Siqueira e Silva, Rafael Bertolin. - 3. ed. - São Paulo : IBEP, 2013.
 il. ; 28 cm   (Caderno do futuro)

ISBN 978-85-342-3578-5 (aluno) - 978-85-342-3582-2 (professor)

 1. Língua portuguesa (Ensino fundamental) - Estudo e ensino. I. Bertolin, Rafael. II. Título. III. Série.

12-8689.   CDD: 372.6
                                       CDU: 373.3.016:811.134.3

27.11.12   03.12.12   041081

Impressão Leograf - Maio 2024

3ª edição – São Paulo – 2013
Todos os direitos reservados.

Av. Alexandre Mackenzie, 619 – Jaguaré
São Paulo – SP – 05322-000 – Brasil – Tel.: (11) 2799-7799
www.editoraibep.com.br – editoras@ibep-nacional.com.br

SUMÁRIO

1. REVISÃO DAS CLASSES GRAMATICAIS 4
2. REVISÃO DAS FUNÇÕES DAS PALAVRAS 11
3. ADJUNTO ADNOMINAL, PREDICATIVO E OBJETOS 18
4. SENTIDO PRÓPRIO E FIGURADO 28
5. REVISÃO DE SUJEITO E PREDICADO 32
6. TIPOS DE PREDICADO 40
7. COMPLEMENTO NOMINAL E ORAÇÕES INTERCALADAS 51
8. ORDEM DIRETA E ORDEM INVERSA 59
9. VOZES DO VERBO (ATIVA, PASSIVA E REFLEXIVA) 61
10. PLURAL DOS SUBSTANTIVOS COMPOSTOS ... 71
11. MODOS VERBAIS 79
12. VERBOS IRREGULARES DA PRIMEIRA CONJUGAÇÃO 95
13. VERBOS IRREGULARES DA SEGUNDA E TERCEIRA CONJUGAÇÕES 102
14. PONTUAÇÃO 109
15. VERBOS DEFECTIVOS/VERBOS ABUNDANTES 114
16. CONCORDÂNCIA NOMINAL 119
17. CONCORDÂNCIA VERBAL 131
18. ESTRUTURA DAS PALAVRAS 144
    APÊNDICE 153

ESCOLA

NOME

PROFESSOR

HORA	SEGUNDA	TERÇA	QUARTA	QUINTA	SEXTA	SÁBADO

PROVAS E TRABALHOS

1. Revisão das classes gramaticais

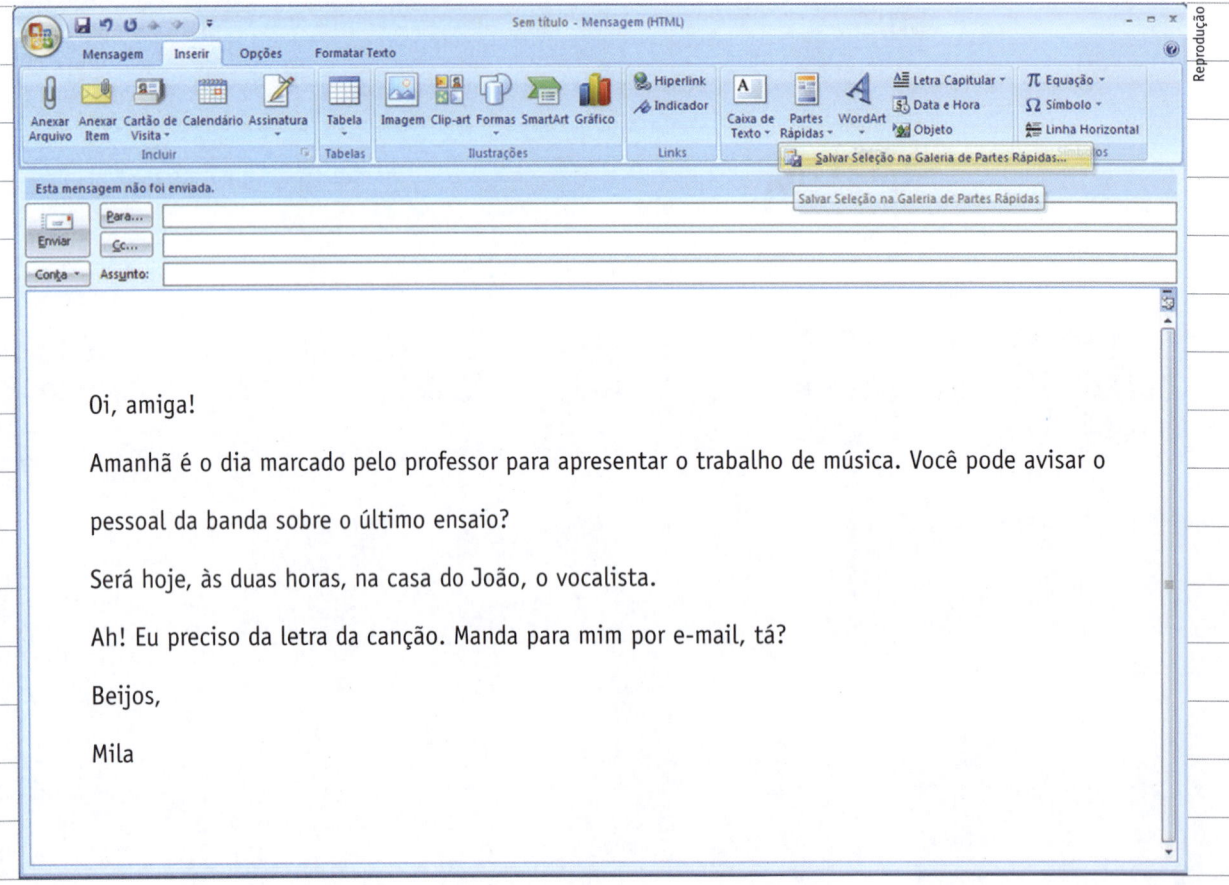

Lembre que:
As palavras usadas para chamar, invocar pessoas, animais (ou até objetos) são os **vocativos**.

1. Qual é o vocativo usado por Mila quando se dirige à Larissa?

a) ( ) fofa
b) ( ) amiga
c) ( ) querida

2. A primeira frase do e-mail é uma saudação. Na sequência do texto aparecem dois advérbios e duas locuções adverbiais. Identifique-os e diga que ideia transmitem.

3. Qual é o assunto do e-mail?

4. Que pronome de tratamento aparece no texto?

5. Que palavras estão explicando quem é João?

6. A expressão "o vocalista" é um:
a) ( ) vocativo
b) ( ) adjetivo
c) ( ) aposto

7. Que frase a seguir representa o pedido de Mila à amiga?
a) ( ) Mande a resposta do e-mail para mim.
b) ( ) Avise o pessoal sobre o ensaio.
c) ( ) Chegue cedo ao ensaio.

8. As formas verbais que indicam pedido, ordem, conselho, pertencem a que modo do verbo?
a) ( ) indicativo
b) ( ) subjuntivo
c) ( ) imperativo

9. Em qual item o verbo é transitivo direto? Em qual é transitivo indireto?
a) Preciso da letra.
b) Mande a letra da canção.

10. Sublinhe em cada frase a palavra que representa a classe gramatical identificada entre parênteses.

1) Perto da janela havia um pequeno jardim. (*adjetivo*)

2) Era estudante, porém já trabalhava. (*conjunção*)

3) Quem não gosta de flores? (*substantivo*)

4) Ele mora neste lugar? (*substantivo*)

5) Não tenha ilusão. (*substantivo*)

6) Duas borboletas brancas pousaram no jardim. (*adjetivo*)

7) Aquela flor cresce à beira dos riachos. (*pronome demonstrativo*)

8) Nos dias límpidos não há nuvens. (*adjetivo*)

9) Como empregar o tempo em nossa breve existência? (*adjetivo*)

10) Vocês vão para a escola? (*substantivo*)

11) O amor está acima de tudo. (*verbo*)

12) No céu brilhava a lua. (*verbo*)

13) É preciso observar para poder entender. (*preposição*)

14) É preciso aprender a olhar para poder vê-los assim. (*advérbio*)

15) Ela não entenderia essa história. (*verbo*)

16) E eu me sinto completamente feliz. (*advérbio*)

17) Finalmente as coisas melhoraram. (*advérbio*)

18) Para ver é preciso abrir os olhos. (*artigo*)

19) Outros dizem que é preciso aprender a viver. (*pronome*)

20) O senhor compreendeu a história? (*pronome de tratamento*)

21) Minha janela se abria para a praça. (*verbo*)

22) A criança sorriu de contentamento. (*verbo*)

23) Ela teve essa feliz ideia! (*adjetivo*)

24) Escrever é uma atividade maravilhosa. (*adjetivo*)

25) Minha família vivia feliz. (*pronome*)

26) No telhado costumava pousar um pombo branco. (*adjetivo*)

27) Regamos o jardim, mas as plantas continuaram feias. (*conjunção*)

28) Tomava conta de dez crianças. (*numeral*)

29) Eu moro longe. (*advérbio*)

30) Levou flores para a namorada. (*preposição*)

31) Era uma época de seca. (*artigo*)

32) Tomei umas gotas de remédio. (*preposição*)

33) Nós precisamos observar mais as pequenas coisas. (*pronome*)

34) Escrevia livros numa linguagem difícil. (*adjetivo*)

35) Descansava sob uma árvore copada. (*substantivo*)

11. Dê a classe gramatical das palavras da frase seguinte.

> Existe sempre um burburinho no ar, um zum-zum e um ti-ti-ti de conversa que nunca para.

a) existe:
b) sempre:
c) um:
d) burburinho:
e) no: em _____ + o
f) ar:
g) um:
h) zum-zum:
i) e:
j) um:
k) ti-ti-ti:
l) de:
m) conversa:
n) que:
o) nunca:
p) para:

12. Complete as frases com preposições.

a) _____ fora bela viola, dentro pão bolorento.
b) A Marília tem ido à escola _____ roupas bacanas.
c) Costumamos sair _____ férias uma vez _____ ano.
d) O camelô conseguia vender pentes _____ para carecas.
e) Todos somos iguais _____ a lei.
f) Enquanto chovia, ficamos _____ a cobertura _____ telhado.
g) Não digas nada _____ ninguém. Isso fica somente _____ nós.
h) O orador falou _____ a importância da natureza.
i) Eu vou _____ São Paulo visitar meus pais.

13. Escreva o **adjetivo** (particípio) e o **substantivo** da mesma família dos seguintes verbos. Veja o modelo.

interessar **interessado – interesse**

a) apressar

b) assear

c) assoalhar

d) assombrar

e) fracassar

f) possuir

g) processar

h) sossegar

14. Escreva o plural dos substantivos compostos seguintes, nos quais ambos os elementos variam.

a) obra-prima

b) má-língua

c) segunda-feira

d) vitória-régia

e) água-marinha

f) couve-flor

g) tenente-coronel

15. Dê o superlativo absoluto sintético dos adjetivos. Veja o modelo

rico **riquíssimo** amigo **amicíssimo**

a) caro

b) forte

c) mau

d) original

e) difícil

f) pobre

g) terrível

h) capaz

ORTOGRAFIA – VAMOS ESCREVER CERTO?

Homônimos são palavras que podem ter:
- som igual e escrita igual.
  manga (fruta)
  manga (parte do vestuário)
  rio (substantivo)
  rio (verbo: *eu rio*)
- som igual e escrita diferente.
  cesto (objeto)
  sexto (numeral ordinal – 6º)
  chá (bebida)
  xá (rei da Pérsia, atual Irã)
- som diferente e escrita igual.
  olho (substantivo)
  olho (verbo: *eu olho*)
  sede (vontade de beber algo)
  sede (prédio principal)

- Complete as frases com os homônimos do quadro. Se precisar, use um dicionário.

concerto / conserto   sela / cela
serra / cerra   trás / traz
assento / acento   cocho / coxo
senso / censo   houve / ouve

a) Infelizmente ele é surdo. Não _____ mais.
Não _____ a reunião por falta de quórum.

b) A _____ está bem presa ao cavalo.
Na _____ havia muitos presos.

c) Você _____ os docinhos e eu os salgadinhos.
O que ficou para _____ não interessa mais.

d) No último _____, o Brasil tinha mais de 198 milhões de habitantes.
Tenha bom _____, menino.

e) O _____ do motorista está sujo.
A palavra café tem _____ agudo.

f) O _____ do carro ficou caro.
O maestro dirigiu o _____ com muita vibração.

g) Descemos a _____ devagar.
A criança _____ os olhos e dorme.

h) No _____ havia sal e ração para o gado.
Ajudei um homem _____ no ônibus.

PRÁTICA DE PRODUÇÃO DE TEXTO

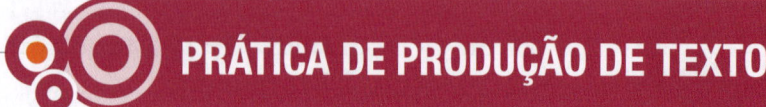

Redação de e-mails

Com a chegada da internet, o mundo ficou pequeno e as barreiras entre os países desapareceram. Em segundos, podemos mandar uma mensagem para qualquer parte do globo. É o e-mail ou "correio eletrônico". Nele geralmente usamos uma linguagem informal.

Como será que Larissa responderia ao e-mail de Mila, no início deste capítulo? Escreva um e-mail em resposta à amiga. Não se esqueça de preencher os espaços destinados a quem envia, para quem envia e também ao assunto do texto.

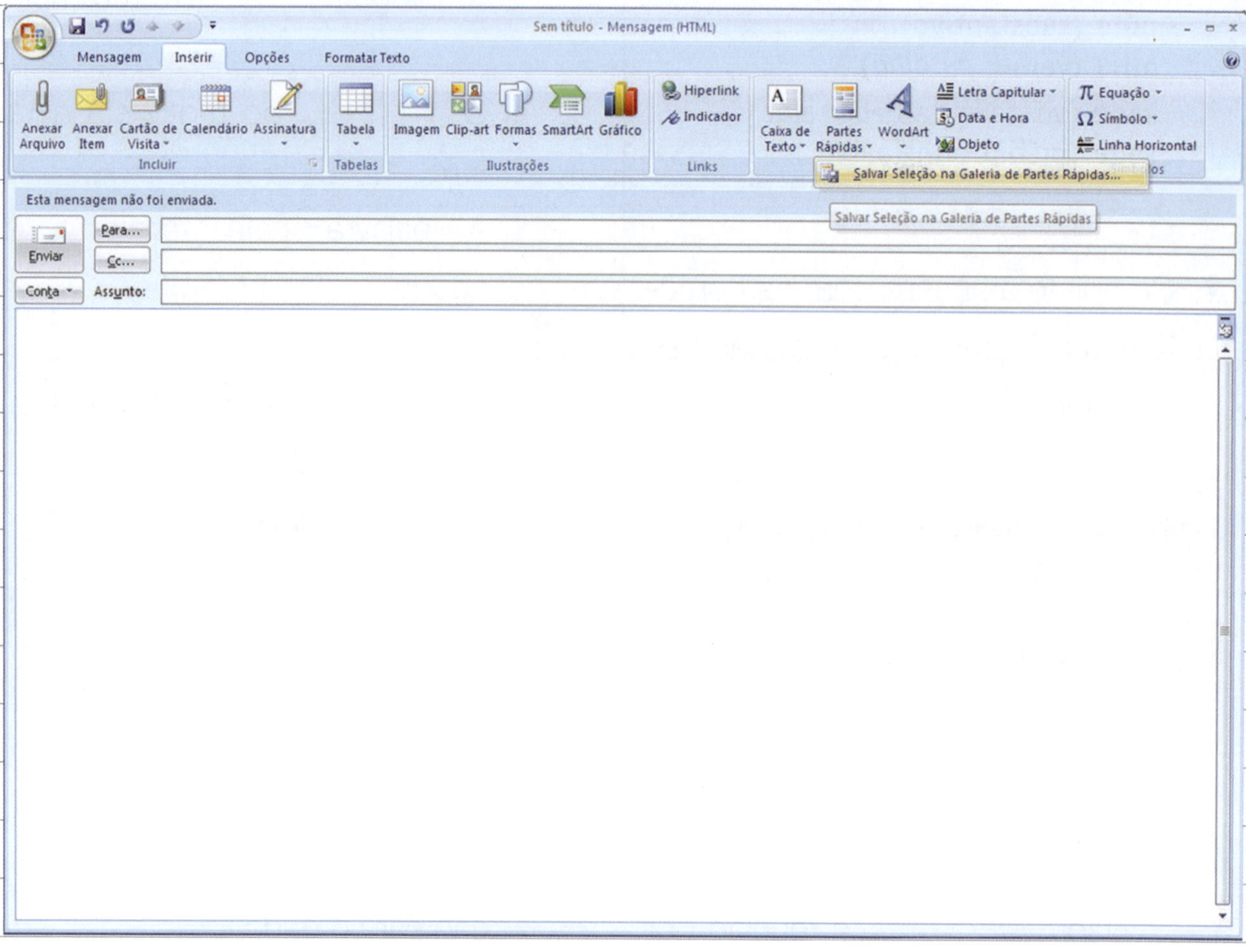

2. Revisão das funções das palavras

A Organização Bem-Animal (OBA!) é uma entidade sem fins lucrativos de caráter social, atuando em Florianópolis/SC. Não possui abrigo nem recolhe animais. O foco é voltado para a conscientização sobre o respeito que o ser humano deve ter aos animais e ao meio ambiente, e para a captação de recursos destinados ao controle populacional de cães e gatos. Quer saber mais sobre a OBA!? Então **clique aqui**.

Disponível em: <http://www.obafloripa.org/blog/2011/04/dia-de-protecao-aos-animais-em-sc/>. Acesso em: 6 jan. 2013.

1. Na frase do cartaz, qual é o verbo transitivo?

2. Copie a expressão que completa o verbo transitivo.

3. Na frase, a expressão copiada anteriormente é um:

a) ( ) objeto indireto
b) ( ) objeto direto
c) ( ) vocativo

4. Da mesma frase, copie duas preposições.

5. Na frase "Dia estadual de proteção aos animais em Santa Catarina", o adjetivo estadual é um:

a) ( ) aposto
b) ( ) adjunto adverbial
c) ( ) adjunto adnominal

6. No cartaz da campanha, há também um verbo intransitivo. Copie-o.

7. Na expressão "clique aqui", indique o advérbio e fale sobre a ideia que ele transmite.

8. Qual é o sujeito da oração "A Organização Bem-Animal (OBA!) é uma entidade sem fins lucrativos"?

9. Qual é o predicado da oração "O foco é voltado para a conscientização"?

> **Lembre que:**
>
> **Função** é a relação que as palavras têm entre si na oração.
>
> As palavras podem exercer a função de:
>
> 1. sujeito
> 2. predicado
> 3. objeto direto
> 4. objeto indireto
> 5. predicativo
> 6. complemento nominal
> 7. adjunto adnominal
> 8. adjunto adverbial
> 9. aposto
> 10. vocativo

ORAÇÃO

Observe.

Eu **amo** os animais.
↓   ↓
sujeito predicado

Essa frase é uma **oração**, pois contém um **verbo**. Em geral, uma oração possui dois termos: **sujeito** e **predicado**.

10. Circule os verbos das orações. Depois, separe com um traço o sujeito do predicado. Em seguida, escreva S para o sujeito e P para o predicado e circule os verbos.

a) Os cães são animais fiéis.

b) Os meninos corriam atrás da bola.

c) Os pássaros cantavam ao raiar do dia.

11. Toda oração possui um verbo. Crie uma oração com o verbo **colaborar**.

> **Período:** uma reunião de orações que formam sentido completo.
>
> **Período simples:** uma oração – **um verbo** apenas.
>
> **Período composto:** duas ou mais orações – **dois ou mais verbos**.

12. Escreva S para período simples e C para período composto.

a) Pensei e respondi. ( )

b) Ainda estava escuro quando saí de casa esta manhã. ( )

c) Muitos rios correm para o mar. ( )

d) A violência gera violência. ( )

e) Cultive a alegria e o bom humor. ( )

f) Pedro Paulo Pereira, pintor, pintava portas, portões e paredes. ( )

g) Enquanto todos dormiam, eu estudava para a prova. ( )

h) Nem tudo o que brilha é ouro, nem tudo o que balança cai. ( )

i) Nunca é tarde demais para recomeçar. ( )

13. Sublinhe, nas orações seguintes, o núcleo do sujeito, isto é, a palavra ou expressão principal do sujeito.

a) Uma senhora piedosa entrou na igreja.

b) O velho dono do bar resolveu tomar uma atitude.

c) Os anúncios de algumas casas comerciais contêm erros de ortografia.

d) O competente professor de Economia entrevistou os comerciantes.

e) O proprietário da casa acompanhou-o até a porta.

f) Os mais modernos aviões cruzam atualmente os cinco continentes.

g) Alguns comerciantes propagam erros de português em seus anúncios.

Lembre que:

O sujeito é aquele que pratica alguma ação.

14. Sublinhe o sujeito das orações. Veja o modelo.

<u>O noivo</u> entrou na igreja.

a) Os rios correm para o mar.

b) As vacas pastam no campo.

c) Saiu um ônibus para o Rio.

d) As meninas trouxeram flores.

e) Aqui mandamos nós.

15. Transforme as orações com sujeito agente em orações com sujeito paciente, isto é, passe da voz ativa para a passiva.

a) **As ondas** destruíram o navio.

b) **O mecânico** consertou o carro.

c) **O vento** carregava as folhas.

d) **A secretária** escreveu a carta.

- Quando o sujeito é **agente**, o verbo está na **voz ativa**.
- Quando o sujeito é **paciente**, o verbo está na **voz passiva**.
- Quando é **agente** e **paciente**, temos a **voz reflexiva**.
- Quando o sujeito não pratica a ação e é apenas o ser **de quem declaramos** algo, o verbo é **de ligação**.

16. Assinale o sujeito e circule o verbo de ligação. Veja o modelo.

O lugar (era) calmo.

a) A igreja ficava numa colina.
b) Ela é bonita.
c) Os ônibus estão lotados.
d) A noite estava fria.

17. Acrescente a palavra entre parênteses à oração e torne o sujeito composto. Observe a concordância do verbo com o sujeito. Veja o modelo.

A irmã chegou de viagem. (*prima*)
A irmã e a prima chegaram de viagem.

a) O caderno foi guardado no armário. (*mochila*)

b) O teatro fica atrás da padaria. (*cinema*)

c) O filme foi lançado ontem. (*documentário*)

SUJEITO INDETERMINADO
- verbo na **3ª pessoa do plural**
  ou
- verbo na **3ª pessoa do singular + se** (partícula)

18. Torne o sujeito **indeterminado**. Veja o modelo.

> **Ele bateu** na porta. (*plural*)
> **Bateram** na porta.

a) Ele fala muito de videogame. (*singular + se*)

b) Ele achou minha carteira. (*plural*)

c) Ele vive bem por aqui. (*singular + se*)

d) Ele roubou meu carro. (*plural*)

e) Ele encontrou a criança. (*plural*)

Lembre que:
O verbo **haver**, no sentido de **existir**, fica no singular, por se tratar de **oração sem sujeito**.

19. Coloque as orações no plural. Veja o modelo.

> **Havia** um livro de artes.
> **Havia** livros de artes.

a) **Havia** um animal perdido.

b) **Houve** um tempo feliz.

c) **Há** uma trufa na bomboniere.

d) **Houve** um grande temporal.

e) **Há** uma almofada no sofá.

f) **Há** um celular tocando.

g) **Havia** um animal na pista.

20. Substitua o verbo **haver** pelo verbo **existir**, observando a concordância do verbo com o sujeito. Veja o modelo.

Há **professores** no colégio.
↓
objeto direto

Existem **professores** no colégio.
↓
sujeito

a) Há flores no jardim.

b) Há nuvens no céu.

c) Há barcos no mar.

21. Assinale o sujeito de cada oração.

a) Nasceu Clarice para amar os outros.

b) Eu tenho de fazer os exercícios: a prova está chegando.

c) No ônibus chegavam atletas e preparadores.

d) Silêncio!, gritou irritada a recepcionista.

e) No mesmo dia, o relógio chegou.

PRÁTICA DE PRODUÇÃO DE TEXTO

Crie um texto sobre animais, envolvendo um dos seguintes itens.

- meu animal predileto
- cães de companhia
- adoção
- zoológico
- alimentação, lazer, cuidados e higiene
- animais de estimação
- tráfico de animais

3. Adjunto adnominal, predicativo e objetos

1. Numere as frases de acordo com o que cada personagem pode estar falando.

( ) Pegue o osso e pare de alvoroço.
( ) Ofereço esta canção para vocês.
( ) Este parque é muito legal!
( ) Que barulho infernal!

2. Na oração "Este parque é muito legal!" que palavra está ligando uma qualidade ao sujeito?

3. Os verbos que ligam o sujeito ao predicativo são:

( ) transitivos diretos.
( ) intransitivos.
( ) de ligação.

4. Na frase "Que barulho infernal!", que adjetivo está exercendo a função de adjunto adnominal?

5. Na oração "Ofereço esta canção para vocês", qual é o objeto direto e qual é o indireto?

6. Reescreva a oração do exercício anterior, substituindo o pronome **vocês** por **lhes**.

O adjetivo exerce duas funções na oração:
- adjunto adnominal
- predicativo

I – adjunto adnominal

= perto do nome

ad- = "perto" + nominal = relativo ao nome

Como o próprio nome indica, **adjunto adnominal** é a palavra que vem **perto** do nome (substantivo): **antes** ou **depois** dele.

Lindo pássaro **amarelo**.

II – predicativo

Como predicativo, o adjetivo **qualifica** o sujeito da oração e prende-se a ele por um verbo de ligação.

Eu estou **contente**.

---

7. Identifique se os adjetivos destacados exercem a função de adjunto adnominal ou de predicativo.

a) Minha classe é **grande**.

b) A gente conversa num grupo **grande**.

c) O ônibus está **lotado**.

d) Nossa turma é **legal**.

e) Os jovens usam roupas **incrementadas**.

f) Alguns professores são **duríssimos**.

g) Por fora, **bela** viola.

h) Por dentro, pão **bolorento**.

i) As broncas são **frequentes**.

OBJETO DIRETO E INDIRETO

Para achar o **objeto direto**, perguntamos ao verbo:
o quê? quem? → A resposta será o objeto direto.

Para achar o objeto indireto, perguntamos ao verbo:
de quê? de quem? a quê? para quê? para quem? etc. → A resposta será o objeto indireto.

8. Observe a palavra ou expressão destacada e escreva se a função que ela exerce na oração é objeto direto ou objeto indireto.

> **Lembre que:**
> O objeto **indireto** vem acompanhado de **preposição**.

a) A escola ensina **coisas interessantes**.

b) Vamos aproveitar bem **a vida**.

c) Eu acredito **em mim**.

d) Quem inventou **a gramática**?

e) Não **o** vejo há muito tempo.

f) Entreguei as chaves **ao dono**.

g) Ele não lhe disse **a verdade**.

h) Ela não assistirá **às aulas**.

i) Conto **com vocês**.

9. Complete as frases com **adjuntos adnominais** à sua escolha (use artigos e adjetivos).

a) _____ programas de TV têm audiência _____.

b) O _____ amigo nos auxilia nas horas _____.

c) João teve um _____ sonho _____.

d) Existem pessoas _____ e pessoas _____.

> **Atenção:**
> Identificando-se o sujeito da oração, aquilo que resta é **predicado**.

10. Sublinhe o predicado nas seguintes orações.

a) A praia estava incrível.
b) A festa não depende de nós.
c) Caminhava pelo bairro, todos os dias, no fim da tarde.
d) Ouvi um barulho.
e) Posso entrar?

11. Complete o sujeito com um predicado à sua escolha.

a) O jogo

b) As reportagens

c) Elas

d) Nós

12. Atribua sujeitos aos predicados.

a) _____ é a estação mais quente do ano.

b) _____ desemboca no oceano Atlântico.

c) _____ transmite paz.

d) _____ fica aberto 24 horas.

e) _____ gira em torno do Sol.

f) _____ é um importante produto agrícola nacional.

g) _____ purificam o ar.

13. Sublinhe com um traço o vocativo e com dois o aposto.

a) Senhor, tire o chapéu!

b) Atenção, turma! Vou cantar.

c) A gasolina, derivado do petróleo, está se tornando rara.

d) Desculpe, moço. Não foi de propósito.

e) A vida, bem precioso, tem um valor inestimável.

f) Atenção, telespectadores! Vamos dar início ao programa.

14. Observe o modelo e crie um complemento (objeto indireto) para os verbos transitivos indiretos. Veja o modelo.

> O homem **reclamava contra**...
> O homem reclamava contra **o barulho**.

a) Só tenho que **agradecer a**

b) A notícia **agradou a**

c) Eu **gosto de**

d) Não **abuse de**

e) **Preciso de**

15. Substitua o **substantivo** (objeto direto) pelo **pronome** (objeto direto). Veja o modelo.

> Encontrei **a chave** na gaveta.
> Encontrei-**a** na gaveta.
> Procuraram **as chaves** em toda parte.
> Procuraram-**nas** em toda parte.

a) Examinou **as provas** com cuidado.

b) Vendeu **os peixes** no mercado.

c) Visitaste **meus parentes** nas férias.

d) Avisaram **seu colega** a tempo.

16. Substitua o substantivo (**objeto indireto**) pelos **pronomes lhe ou lhes** (objeto indireto). Veja o modelo.

> Perdoou **aos comerciantes** a dívida.
> Perdoou-**lhes** a dívida.

a) Obedeça **ao treinador** sempre.

b) Lembrei **aos alunos** o combinado.

c) Resistiu **ao inimigo** até o fim.

d) O poema agradou **ao crítico**.

e) Oferecemos **a Luís** uma oportunidade.

f) Vou dar **aos amigos** o convite para a festa.

g) Diga **ao juiz** a verdade.

17. Complete o sentido dos verbos transitivos diretos e indiretos por meio de dois complementos: um **objeto direto** e outro **indireto**. Veja o modelo.

> Pedi... (o quê?) ... (a quem?).
> ↓ ↓
> Pedi **desculpas** **ao vizinho**.
> ↓ ↓
> objeto direto objeto indireto

a) Oferecemos

b) Demos

c) Devolvi

d) Ensinei

e) Expliquei

f) Mandamos

g) Prometi

ORTOGRAFIA – VAMOS ESCREVER CERTO?

1. Nas palavras abaixo há encontro consonantal. Reescreva-as separando as sílabas e prestando atenção na grafia.

a) admissão

b) advertir

c) advogado

d) adjetivo

e) adjunto

f) adjacente

g) adversário

h) administrar

i) observação

j) obstáculo

k) obséquio

l) absoluto

m) decepção

n) opção

o) técnico

p) psicólogo

q) significado

r) confecção

> **FAMÍLIAS DE PALAVRAS**
> **trás:** atrás, traseiro, atrasar, atraso

2. Agora, dê palavras derivadas de **mar**, **ferro** e **terra**. Você poderá encontrar verbos, adjetivos, substantivos, advérbios.

a) **mar**

b) **ferro**

c) **terra**

3. Coloque o acento indicador da crase onde for necessário.

a) Viajou até o Japão para assistir a um jogo de futebol?

b) Deu marcha a ré e seguiu em direção a cidade.

c) O guia nos levou a Niterói.

d) Dirija-se a diretoria para tirar essa dúvida.

e) Para evitar o pior, entregou os documentos a polícia.

f) Ele conseguiu completar a prova a duras penas.

g) Não há nada a esconder.

h) Sentou-se a mesa para jantar.

4. Coloque o acento indicador da crase nos demonstrativos **aquele** e **aquela** quando for necessário.

a) Quanto custa aquele televisor?

b) Por que você não vai aquela festa?

c) Pergunte aquele rapaz. Ele sabe onde fica essa rua.

d) Vi aquele jogador no meu bairro.

5. Forme substantivos a partir dos adjetivos abaixo.

veloz   **velocidade**

a) vivaz

b) atroz

c) capaz

d) feroz

e) fugaz

f) voraz

g) feliz

h) perspicaz

i) lúcido

j) viúvo

k) macio

l) sensato

m) formoso

n) grosso

o) belo

p) ligeiro

6. Encontre palavras derivadas de:

a) hesitar

b) frequentar

c) civilizar

25

d) pesquisar

e) crescer

f) adolescer

g) descender

h) florescer

PRÁTICA DE PRODUÇÃO DE TEXTO

1. Observe as imagens a seguir e responda às questões.

a) Que atividades estão representadas nas fotos?

b) Você aprecia alguma dessas atividades?

c) Cite outras formas de lazer ou entretenimento.

2. Agora é a sua vez de falar sobre os seus passatempos favoritos. Escreva um texto sobre lazer, diversão, entretenimento.
Crie um título para o seu texto. Depois de terminá-lo, leia-o para verificar a acentuação, a pontuação e a ortografia das palavras. Observe se as ideias estão organizadas. Em seguida, peça a um(a) colega que leia seu texto e opine sobre ele.

4. Sentido próprio e figurado

RECEITA DE OLHAR

Nas primeiras horas da manhã
Desamarre o olhar
Deixe que se derrame
Sobre todas as coisas belas
O mundo é sempre novo
E a terra dança e acorda
Em acordes de sol
Faça do seu olhar imensa caravela

Roseana Murray. *Receitas de olhar*. São Paulo: FTD, 1997.

1. Releia o poema com atenção e responda às perguntas.

a) Você já ouviu ou leu a expressão "de cara amarrada"? O que significa "estar de cara amarrada"?

b) O que pode significar no poema "desamarrar o olhar"?

c) O que significa no poema "a terra acorda"?

d) Como é que o olhar pode parecer "imensa caravela"?

SENTIDO PRÓPRIO E SENTIDO FIGURADO

As palavras podem ser usadas no sentido próprio ou figurado. Veja:
- Você gosta de **pão** de trigo ou de centeio? (**sentido próprio**)
  Pão = alimento geralmente produzido em padarias.
- Luto todos os dias para ganhar o **pão** da família. (**sentido figurado**)
  Pão = dinheiro, todos os bens de que a família precisa: sustento, comida, transporte, roupas, remédios, livros, educação.

2. Escreva **P** para sentido próprio ou **F** para sentido figurado.

a) Os **galhos** da árvore secaram rapidamente. ( )

b) Ele resolvia tudo: era um verdadeiro quebra-**galhos**. ( )

c) Aquela menina tem um **coração** de ouro. ( )

d) A operação de **coração** é bastante comum hoje em dia. ( )

e) Aquela atitude gerou um **mar** de problemas. ( )

f) O **mar** estava belíssimo naquela tarde. ( )

g) Minha mãe faz **doces** irresistíveis. ( )

h) Tenho **doces** recordações do tempo que passei com vocês. ( )

i) O **poema** é composto de versos. ( )

j) Faça de sua vida um **poema**. ( )

k) **Lavou** o quintal logo pela manhã. ( )

l) Ela desabafou, **lavou** a alma. ( )

m) Uma **nuvem** de tristeza embaçava os olhos do menino. ( )

n) Vejo uma **nuvem** escura no céu. ( )

o) A roseira possui **espinhos**. ( )

p) Toda profissão tem seus **espinhos**. ( )

3. Invente frases empregando as palavras seguintes em sentido figurado. Veja as dicas entre parênteses.

a) inferno (*lugar ou coisa horrível*)

b) estrela (*pessoa ilustre, famosa, celebridade*)

c) asas (*liberdade, possibilidade de agir livremente*)

d) luz (*ideia*)

4. Escreva o sentido próprio e o sentido figurado das seguintes palavras.

a) gato (sentido próprio):

gato (sentido figurado):

b) touro (sentido próprio):

touro (sentido figurado):

> Algumas palavras têm muitos significados. Isso depende do contexto em que são escritas ou faladas. A isso chamamos **polissemia** (muitos sentidos).

5. Consulte o dicionário e relacione alguns sentidos do verbete **ponto**, exemplificando com frases criativas. Veja o modelo.

lugar fixo → Você sabe onde fica o **ponto** de táxi?

6. Existem palavras parecidas na escrita e na pronúncia. Cuidado com elas, pois têm significados diferentes. Escolha a forma apropriada entre parênteses e complete as frases.

a) (sela – cela) O monge vivia recluso em sua _____.

b) (a – há) Estamos _____ um mês das eleições.

c) (tacha – taxa) Você já pagou a _____ de luz?

d) (serrei – cerrei) Mal deitei, _____ os olhos e dormi.

e) (acentos – assentos) Passageiros, verifiquem o número de seus _____.

f) (concerto – conserto) Logo depois do choque, levei o carro para o _____.

g) (iminência – eminência) Estou na .... de perder tudo.

h) (ratificou – retificou) A professora .... algumas afirmações imprecisas da minha prova.

i) (infligir – infringir) Ninguém, no meu governo, vai .... impunemente as leis.

j) (diferiu – deferiu) Finalmente o juiz .... o meu pedido.

k) (há – a) Raquel não comparece à escola .... vários dias.

PRÁTICA DE PRODUÇÃO DE TEXTO

Primeira sugestão

Reescreva em prosa o poema "Receita de olhar". Aproveite as ideias do poema e acrescente outras ideias suas.

Segunda sugestão

Que tal fazer um pequeno poema com o título "Pense bonito, pense positivo"? Experimente. Não precisa rimar os seus versos, como fez Roseana Murray em "Receita de olhar". Depois, troque seu poema com o de um(a) colega e conversem a respeito.

5. Revisão de sujeito e predicado

1. Substitua o sujeito duas vezes. Veja o exemplo.

> **Os alunos** organizaram a festa.
> **Os pais** organizaram a festa.
> **As famílias** organizaram a festa.

a) **O professor** partiu.

_____ partiu.

_____ partiu.

b) **O preço** caiu.

_____ caiu.

_____ caiu.

c) **As empresas** gostam de competir.

_____ gostam de competir.

_____ gostam de competir.

2. Substitua o predicado duas vezes. Veja o exemplo.

> A televisão **divulgou os últimos acontecimentos**.
> A televisão **diverte e instrui as pessoas**.
> A televisão **faz propaganda de muitos produtos**.

a) Os atletas **treinam duramente**.

Os atletas _____

Os atletas _____

b) O carro **foi financiado**.

O carro _____

O carro _____

3. Acrescente ao sujeito simples mais um elemento para torná-lo composto. Veja o exemplo.

> **O professor** recolheu os comunicados.
> **O professor e o assistente** recolheram os comunicados.

a) Ana estava muito satisfeita com o resultado.

b) As crianças chegaram mais cedo.

c) O tênis foi lavado e já está seco.

d) A gaveta está cheia.

Atenção:
O sujeito pode vir antes ou depois do verbo.

4. Identifique o sujeito das orações.

a) Sobre toda a região caía uma chuva pesada.

b) Corriam atrás da bola, meninos e meninas da escola.

c) Já amanheceu o dia.

d) Zoológico é uma espécie de prisão para bichos.

e) Finalmente eu consegui marcar um gol.

5. Reescreva as orações, mudando a posição do sujeito.

a) Na última década, a violência nas cidades brasileiras aumentou muito.

b) Acabaram os ingressos para o show.

c) Já fumegavam sobre a mesa pratos saborosos.

d) Veio quebrar o silêncio da noite o estampido de uma bomba.

e) Começou o festival de inverno.

f) Serpenteia por vales e montanhas o espumante rio Paraíba.

6. Assinale as orações sem sujeito.

( ) Ventou muito antes da tempestade.

( ) Com força de vontade aprendem-se muitas coisas.

( ) Havia três quadros na parede.

( ) Faz duas semanas.

( ) Era no mês de maio.

( ) O dia amanheceu lindo.

( ) São três horas da tarde.

( ) Faz muito calor no Amazonas.

7. Escreva uma oração com:

a) sujeito simples

b) sujeito composto

c) sujeito oculto

8. Amplie o predicado com verbos intransitivos, acrescentando circunstâncias adverbiais de lugar, tempo, modo, intensidade etc. Veja o modelo.

sujeito	predicado
A moça	chorou.
	chorou muito.
	chorou muito de alegria ontem na festa.

a)
sujeito	predicado
As crianças	dormiram.

b)
sujeito	predicado
O vento	soprava.

c)
sujeito	predicado
A torcida	gritava.

d)
sujeito	predicado
O professor	chegou.

9. Os predicados deste exercício são constituídos de verbos transitivos diretos + objetos diretos. Modifique o objeto direto três vezes para cada item. Veja o modelo.

sujeito	predicado	
	verbo trans. direto	objeto direto
A polícia	descobriu (o quê?) (quem?)	o esquema. o esconderijo. o cativeiro. os criminosos.

a)

sujeito	predicado	
	verbo trans. direto	objeto direto
Meu amigo	comprou	três jogos.

b)

sujeito	predicado	
	verbo trans. direto	objeto direto
O cliente	pediu	um refrigerante.

c)

sujeito	predicado	
	verbo trans. direto	objeto direto
Nós	marcamos	o dia.

d) | sujeito | predicado | |
|---|---|---|
| | verbo trans. direto | objeto direto |
| A mãe | encontrou | o filho. |

10. Os predicados abaixo são constituídos de verbos transitivos indiretos + objetos indiretos. Substitua os objetos indiretos por outros. Veja o modelo.

sujeito	predicado	
	verbo trans. indireto	objeto indireto
Os pais	preocupam-se	com a educação dos filhos.
		com a saúde dos filhos.
		com as amizades dos filhos.
		com a formação dos filhos.

a) | sujeito | predicado | |
|---|---|---|
| | verbo trans. indireto | objeto indireto |
| Ela | confia | em você. |

b) | sujeito | predicado | |
|---|---|---|
| | verbo trans. indireto | objeto indireto |
| Nós | estamos precisando | de ajuda. |

c)

sujeito	predicado	
	verbo trans. indireto	**objeto indireto**
O espetáculo	agradou	a todos.

d)

sujeito	predicado	
	verbo trans. indireto	**objeto indireto**
Ela	está cuidando	dos pais.

11. Os predicados abaixo são constituídos de verbos transitivos diretos e indiretos + objetos diretos e indiretos. Substitua os objetos diretos e indiretos por outros. Veja o modelo.

sujeito	predicado		
	verbo trans. direto e indireto	objeto direto e	indireto
Os pais	deram	presentes	aos filhos.
		comida	ao bebê.
		uma lembrança	à professora.
		orientações	ao porteiro.

a)

sujeito	predicado	
	verbo trans. direto e indireto	**objeto direto e indireto**
A garçonete	ofereceu	bebida aos convidados.

b) | sujeito | predicado | |
| --- | --- | --- |
| | **verbo trans. direto e indireto** | **objeto direto e indireto** |
| Nós | entregamos | a encomenda   ao funcionário. |

c) | sujeito | predicado | |
| --- | --- | --- |
| | **verbo trans. direto e indireto** | **objeto direto e indireto** |
| Eles | enviaram | um e-mail   ao professor. |

DITADO

6. Tipos de predicado

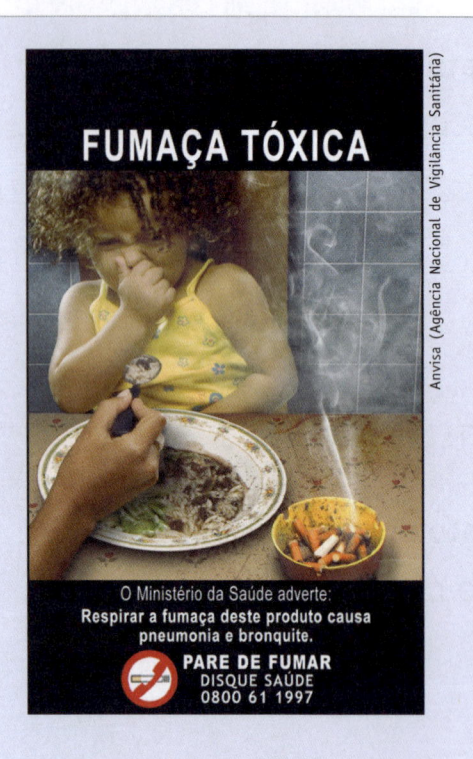

AO SUCESSO

Nos comerciais de cigarros
todos são bonitos
ricos
jovens
atletas
e já descobriram a cura do câncer.

<small>Ulisses Tavares. *Viva a poesia viva*. São Paulo: Saraiva, 1997.</small>

1. Qual é o sujeito do predicado **são bonitos**?

2. Que verbo está ligando o predicativo **bonitos** ao sujeito?

3. O mesmo verbo está ligando o sujeito aos adjetivos **ricos** e **jovens** e ao substantivo **atletas**. Essas palavras também fazem parte do predicativo?

a) ( ) sim
b) ( ) não

4. Os verbos que ligam o predicativo ao sujeito são:

a) ( ) verbos intransitivos
b) ( ) verbos de ligação
c) ( ) verbos transitivos diretos

PREDICADO

É tudo aquilo que se afirma sobre o sujeito.

Os torcedores **estavam exaltados**.
      ↓
     predicado

Há três tipos de predicado: **nominal**, **verbal** e **verbo-nominal**.

1. Predicado nominal

No predicado nominal o **núcleo significativo**, isto é, a palavra mais importante, pode ser:

a) um **adjetivo**

 Maria é **bonita**. → predicativo
 ↓
 sujeito predicado
     nominal

b) um **nome ou substantivo**

 A Terra é um **planeta**. → predicativo
 ↓
 sujeito predicado
      nominal

c) um **pronome**

A pátria somos nós. → predicativo
↓   ⎵
sujeito   predicado
           nominal

No predicado nominal os **verbos de ligação** ligam o predicativo ao sujeito. Os principais verbos de ligação são: **ser, estar, permanecer, ficar.**

5. Sublinhe o predicado nominal das orações.

a) O Brasil é um grande país.

b) O professor parecia preocupado.

c) A praia estava deserta.

d) A temperatura permanece alta.

e) Meus pais ficaram felizes.

6. Complete as frases.

a) Os verbos de ligação funcionam como elo entre o predicado e o _____.

b) Os principais verbos de ligação são: _____.

7. Complete as lacunas com verbos de ligação.

a) A honestidade _____ a grande mola do progresso.

b) A classe _____ silenciosa durante a explicação.

c) O mar _____ calmo.

d) O celular _____ desligado.

e) Nós _____ apreensivos com a notícia.

8. Sublinhe o núcleo do predicado nominal das orações.

a) O jogo era muito difícil.

b) Todos andam preocupados com a violência.

c) O mar estava bem agitado.

d) A quadra parecia distante.

e) Elas devem ser as irmãs mais velhas.

f) Os premiados foram eles.

9. Sublinhe o predicado nominal e circule o predicativo do sujeito.

a) Os condomínios estão muito caros.

b) A guerra é desumana e cruel.

c) Os ônibus continuam parados.

d) A roupa já está enxuta.

e) O tempo continua frio e chuvoso.

10. Crie orações com as palavras a seguir na função de predicativo.

a) alegres

b) encabulado

c) tranquilo

d) preocupada

2. Predicado verbal

No predicado verbal, o núcleo do predicado (o elemento principal) é um verbo geralmente de ação.

No predicado verbal o verbo pode ser:

a) **intransitivo**

A árvore **caiu**.
　　　　　　V.I
↓　　　⌣
sujeito　predicado
　　　　verbal

b) **transitivo direto**

João **comprou** um apartamento.
　　　V.T.D.　　　　O.D.
↓　　⌣⎯⎯⎯⎯⎯⎯⎯⎯⎯⎯⎯
sujeito　　predicado
　　　　　　verbal

c) **transitivo indireto**

Os jovens **gostam** de aventura.
　　　　　V.T.I.　　O.I.
↓　　　⌣⎯⎯⎯⎯⎯⎯⎯⎯
sujeito　　predicado
　　　　　　verbal

d) **transitivo direto e indireto**

O guia **explicava** a história do local aos turistas.
　　　　V.T.D.I.　　O.D.　　　　　　O.I.
↓　　⌣⎯⎯⎯⎯⎯⎯⎯⎯⎯⎯⎯⎯⎯⎯⎯⎯⎯⎯⎯
sujeito　　　predicado verbal

11. Invente um ou mais predicados verbais para cada tipo de verbo.

a) **verbo intransitivo**

• Os pássaros

• As plantas

b) **verbo transitivo direto**
- O farmacêutico

- Os caminhões

c) **verbo transitivo indireto**
- Nós

- O povo

d) **verbo transitivo direto e indireto**
- A empresa

- Nós

12. Sublinhe o predicado verbal e circule o seu núcleo.

a) Seu Guilhermino apareceu.

b) Ninguém deu importância à sua presença.

c) O prédio apresentava muitos problemas.

d) Os moradores exigiam explicações.

e) Nós pagamos uma fortuna por mês.

f) O síndico saiu pela tangente.

g) Trataremos do caso com diplomacia.

13. Escreva se o predicado das frases é nominal ou verbal.

a) Os condôminos **foram unânimes**.

b) Seu Guilhermino **continuava doente**.

c) **Entregou a nota fiscal do conserto**.

d) Uma brisa suave **soprava do lado da praia**.

e) **Passavam** homens e mulheres em direção ao mercado.

f) Os atletas **estão confiantes**.

g) Os animais **obedecem a seus instintos**.

14. Transforme o predicado nominal em verbal. Veja o modelo.

Os condôminos **estavam exaltados**.
↓
predicado nominal
Os condôminos **se exaltaram**.
↓
predicado verbal

a) Os jogadores **são brilhantes**.

b) Meu pai **ficou doente**.

c) Alguns rios nordestinos **ficam secos em certas épocas**.

---

3. Predicado verbo-nominal

O predicado verbo-nominal tem dois núcleos significativos:

- **o verbo de ação expresso = predicado verbal**
- **o nome** (representado por um **substantivo** ou **adjetivo**) = **predicado nominal**

No predicado verbo-nominal há sempre um verbo de ação explícito e um verbo de ligação oculto ou subentendido. Observe.

As crianças corriam (e estavam) **felizes.**

sujeito (verbo de ação) (verbo de ligação)

predicado verbal   predicado nominal

predicado verbo-nominal

15. Observe o predicado e responda às perguntas. Veja o modelo.

<u>Juliana</u> <u>voltou feliz</u>.
↓   ↓
sujeito   predicado

a) Qual é a ação que Juliana faz?

b) Quando o **verbo** expressa **ação**, que tipo de predicado temos?

c) Em que estado estava Juliana quando voltou?

d) Quando há verbo de ligação (mesmo oculto), que tipo de predicado temos?

> **CONCLUINDO**
>
> Na oração "Juliana voltou feliz", declaramos dois fatos:
>
> 1º fato: Juliana **voltou**: verbo de ação = **predicado verbal**
>
> 2º fato: Juliana (estava) **feliz**: verbo de ligação = **predicado nominal**
>
> **predicado verbal + predicado nominal = predicado verbo-nominal**

16. Acrescente nas orações um predicativo do sujeito e transforme os predicados verbais em predicados verbo-nominais. Siga o modelo.

As crianças	correm.
sujeito	**predicado verbal**
As crianças	correm felizes.
sujeito	(correr = verbo de ação + felizes = predicativo do sujeito)
	predicado verbo-nominal

a) A torcida — saiu do estádio.
   sujeito — **predicado verbal**

   A torcida — saiu do estádio
   sujeito — **predicado verbo-nominal.**

b) Maria — assistia às aulas.
   sujeito — **predicado verbal**

   Maria — assistia às aulas
   sujeito — **predicado verbo-nominal**

45

c) Jorge   comprou a casa.
   sujeito   **predicado verbal**

   Jorge   comprou a casa
   sujeito   **predicado verbo-nominal**

d) Papai   voltou de viagem.
   sujeito   **predicado verbal**

   Papai   voltou de viagem
   sujeito   **predicado verbo-nominal**

17. Crie duas orações com:

a) predicado nominal.

Use verbos de ligação!

b) predicado verbal.

Use verbos que expressam ação!

c) predicado verbo-nominal.

Use verbos que expressam ação + adjetivo!

18. Dentre as alternativas, assinale a que corresponde ao predicado indicado entre parênteses.

a) O poeta... (*nominal*)
( ) cumprimentou o jornalista.
( ) parece feliz.
( ) dormia tranquilo.

46

b) O camponês... (*verbo-nominal*)

   ( ) chamou o amigo.

   ( ) estava aflito.

   ( ) levantou assustado.

c) O jornalista... (*verbal*)

   ( ) estava interessado na notícia.

   ( ) preparou a reportagem.

   ( ) saiu satisfeito.

d) A natureza... (*nominal*)

   ( ) oferece lazer.

   ( ) é fonte de vida e poesia.

19. Acrescente uma qualidade ao verbo intransitivo, tornando o predicado verbal em predicado verbo-nominal.

> Papai **chegou**.
> ↓
> predicado verbal
>
> Papai **chegou contente**.
> ↓
> predicado verbo-nominal

a) O público **sorria**.

b) O ator **caminhava**.

c) O guitarrista da banda **cantava**.

d) Os pássaros **fugiram**.

e) O turista **passeava**.

f) A galera **dormia**.

20. Assinale qual das três frases contém o predicado indicado.

a) **predicado verbo-nominal**

   ( ) O síndico deu início à reunião.

   ( ) O síndico estava nervoso.

   ( ) O síndico retirou-se nervoso da reunião.

b) **predicado verbal**

   ( ) Os alunos estavam apreensivos.

   ( ) O encanador trocou a torneira.

   ( ) O encanador saiu apressado.

21. Junte as duas orações numa só, transformando os predicados em predicados verbo-nominais. Veja o modelo.

> O jogador **saiu**.   Ele **estava nervoso**.
> (predicado verbal) + (predicado nominal)
>
> O jogador **saiu nervoso**.
> (predicado verbo-nominal)

47

a) O motorista **chegou**.
   Ele **estava apressado**.

b) As crianças **brincam**.
   Elas **estão felizes**.

c) Os alunos **voltam do passeio**.
   Eles **estão cansados**.

ORTOGRAFIA – VAMOS ESCREVER CERTO?

1. Ponha os sinais de pontuação no texto a seguir.

O cidadão honorário

Numa sala ao lado da recepção Bernard dava sua entrevista para a imprensa mundial. Procurando vender uma boa imagem mostrou-se profundamente modesto afirmando que não fizera nada de excepcional porque uma cirurgia de coração não era assim tão complicada. O coração afirmou é apenas uma espécie de motor .

Texto criado pelos autores.

2. Acentue as palavras que exigem acento gráfico.

a) As arvores perdiam as folhas.

b) Das nuvens saiam luminosos, longos e finos raios.

c) A avo tentou faze-lo dormir.

3. Faça como nos modelos.

apreender   **apreensão**

a) compreender

b) repreender

exprimir   **expressão**

c) imprimir

d) reprimir

valor   **valorizar**

e) economia

f) símbolo

g) autor

h) moderno

análise **analisar**

i) pesquisa

j) precisão

k) aviso

l) piso

4. Use o acento grave (sinal que indica crase) quando necessário.

a) Deram um prêmio a cada piloto.

b) Os pneus aderem a pista.

c) Os pilotos adaptaram-se as dificuldades da pista.

d) Os espectadores assistem a pegas ferozes.

e) Assisti a última corrida do campeonato mundial.

f) Assisti a uma corrida de motociclismo.

g) Os domadores se dirigem as feras.

h) Ele parecia insensível as cotoveladas.

PRÁTICA DE PRODUÇÃO DE TEXTO

Primeira sugestão

Releia o poema:

Ao sucesso

Nos comerciais de cigarros
todos são bonitos
ricos
jovens
atletas
e já descobriram a cura do câncer.

Ulisses Tavares. *Viva a poesia viva*. São Paulo: Saraiva, 1997.

Agora, crie um anúncio publicitário como se fosse para um jornal ou revista, alertando para os malefícios do fumo.
Ilustre seu anúncio com desenhos ou recortes.

Segunda sugestão

Crie um anúncio antidrogas.

7. Complemento nominal e orações intercaladas

1. Relacione as colunas de modo que as palavras da segunda coluna completem o sentido das palavras da primeira.

Campanha	ao infarto
Mulheres são mais sujeitas	do agasalho
Ela é parecida	contra os corruptos
Um processo	com a mãe

Importante:

Na primeira coluna temos as palavras **campanha**, **sujeitas**, **parecida** e **processo**. Essas palavras têm um sentido geral. As palavras da direita completam o sentido delas e, por isso, são chamadas de **complemento nominal**, isto é, são palavras que completam o sentido de substantivos, adjetivos ou advérbios.

COMPLEMENTO NOMINAL

O complemento nominal completa o sentido de um nome (substantivos, adjetivos e advérbios) por meio de preposição.

Tenho **amor** **ao** **trabalho**.
      ↓   ↓
    nome   complemento nominal

Estrutura do complemento nominal:
substantivo abstrato ⎫
adjetivo   ⎬ + preposição + CN
advérbio   ⎭

2. Derive substantivos abstratos dos verbos seguintes. Veja o modelo.

respeitar **respeito**

a) amar

b) aludir

c) assistir

d) lutar

e) impressionar

f) confiar

g) obedecer

51

h) referir

i) gostar

3. Construa frases com os substantivos ou adjetivos relacionados e sublinhe os complementos nominais, como no modelo.

> respeito por (pelo, pela) / respeito para com
> **Temos muito respeito <u>pelo nosso professor</u>.**

a) amor a (ao)

b) confiança em

c) saudade de

d) medo de

e) necessidade de

f) atencioso com

g) amável com

h) obediência a (ao)

i) referência a (ao)

4. Escreva **OI** para objeto indireto (que completa o verbo) e **CN** para complemento nominal (que completa o nome).

a) Cuide **de seus interesses** que eu cuido **dos meus**. ( )

b) Temos confiança **em nossos jogadores**. ( )

c) Já organizamos a escala **do plantão de notícias**. ( )

d) A assistência **às aulas** tem sido normal. ( )

e) Naquela situação difícil recorremos **ao diretor**. ( )

f) Gostamos **de pessoas** sinceras. (   )

g) Lembre-se, pelo menos, **dos amigos**. (   )

h) Fez grandes investimentos **em terras**. (   )

i) A notícia agradou **a todos**. (   )

j) O orador fez alusão **ao fato**. (   )

k) O gosto **pela música** vem desde criança. (   )

5. Veja o modelo e transforme o complemento nominal em complemento verbal (objeto direto ou indireto).

> Tenho necessidade de conselhos.
> **Necessito de conselhos.**

a) Tenho amor a meus pais.

b) Tenha confiança em si mesmo!

c) Temos respeito pela natureza.

d) Devemos obediência às leis.

LOCUÇÃO ADJETIVA

Nem toda a expressão que acompanha o nome e é introduzida por preposição é complemento nominal. Ela pode ser uma locução adjetiva. Veja:

Os trabalhadores **do campo** fizeram greve.
↓
Os trabalhadores **rurais** fizeram greve.

Nesse caso, a locução adjetiva (**do campo**) pode ser transformada em adjetivo (**rurais**).

Há casos, porém, em que a locução adjetiva não pode ser convertida em adjetivo. Veja:

A casa **de Pedro** é aquela.
O cavalo **de pau** está quebrado.

---

6. Escreva se a expressão destacada em cada frase é complemento nominal ou adjunto adnominal (adjetivo ou locução adjetiva).

a) Continua a lista **contra a poluição**.

b) Existe um órgão de proteção **aos índios**.

c) Os queijos **de Minas** são muito apreciados.

d) Ainda existem muitos engenhos **de cana**.

e) Acabei de comprar um sapato **de couro**.

f) A saudade **dos amigos** é grande.

> **ORAÇÃO INTERCALADA**
> As orações intercaladas geralmente vêm separadas do resto do período por meio de travessões ou vírgulas.

7. De acordo com o contexto, intercale adequadamente, nos períodos abaixo, as orações do quadro.

> – digo-o com tristeza –
> – disse um poeta –
> – seriam duas horas –
> – que eu saiba –
> – disse a professora –

a) Noite avançada –
 – ouvi um grito.

b) A vida –   – é nuvem que passa.

c) Infelizmente, meus colegas –
 – desviaram-se do bom caminho.

d) Nenhum dos dois –
 – conseguiu aprovação.

e) Desta vez –
 – estão perdoados.

> **USO DA VÍRGULA**
> Use a vírgula para separar **expressões explicativas**, como:
> **, isto é,**
> **, a saber,**
> **, aliás,**
> **, quer dizer,**
> **, por exemplo,**
>
> Observe os exemplos.
> Não sei o que fazer, **quer dizer**, até sei mas tenho medo.
> Você, **por exemplo**, já conhece esta lição.

8. Invente frases empregando a vírgula para separar expressões explicativas.

a)

b)

c)

d)

e)

ORTOGRAFIA – VAMOS ESCREVER CERTO?

- Leia a tira do personagem Hagar.

HAGAR — **DIK BROWNE**

Dik Browne. *O Melhor de Hagar, o Horrível*. Porto Alegre: L&PM, 2011.

1. Ao declarar "Terra à vista!", Hagar ordena que se dê o **aviso**.
Diante disso, podemos declarar que:

a) Hagar diz para o outro personagem _____.

b) A intenção dele é que cada tripulante do barco seja _____.

2. Complete:
O barco, ao seguir para a **terra**, vai ater**rizar** e ficará _____.

3. Utilize **s** ou **z**. Veja os modelos.

paraliSia   **paralisar – paralisado**

a) pesquiSa

b) análiSe

c) liSo

d) improviSo

55

e) preciSão

f) friSo

g) viSão

> fiscal   **fiscaliZar – fiscaliZado**

h) símbolo

i) economia

j) cicatriz

k) suave

l) moderno

m) hospital

n) órgão

> Sufixos formadores de verbos: **-ar** e **-izar**.
> análi**s**e + ar = analisar → O **s** faz parte da palavra e não do sufixo.
> cru**z** + ar = cruzar → O **z** faz parte da palavra e não do sufixo.
> final + izar = final**izar** → O sufixo **-izar** (com **z**) é usado porque a palavra fina<u>l</u>izar não tem **s** no radical.

4. Agora, forme verbos com os sufixos **-ar** ou **-izar**.

a) canal

b) preciso

c) desprezo

d) aviso

e) parafuso

f) juízo

g) agonia

h) raiz

i) real

j) friso

k) ideal

l) vapor

m) pesquisa

n) mecânico

o) dinâmico

p) cicatriz

5. Use os prefixos indicados. Veja o modelo.

> re + soar = **ressoar**

a) re + secar =

b) re + sentir =

c) re + surgir =

d) pre + sentimento =

e) pre + sentir =

f) pre + supor =

g) pro + seguir =

QUE *VERSUS* QUÊ
- Comprar **o quê?**
  Quê (monossílabo tônico) **é acentuado.**
- Comprar **que** objetos?
  Que (monossílabo átono) **não é acentuado.**

6. Observe e prossiga, acentuando a palavra **que** quando for tônica.

a) Para **que** serve isso?

b) Isto serve para **que**?

c) Por **que** você fez isso?

d) Por **que** motivo você fez isso?

e) Você fez isso por **que**?

7. Coloque corretamente os travessões, os dois-pontos, os pontos e as vírgulas no seguinte texto.

O leão fugido

O leão fugido do circo vinha correndo pela rua quando viu um senhor à sua frente Aí caminhou pé ante pé bateu delicadamente nas costas do senhor e disse disfarçando a voz leonina o máximo possível

Cavalheiro tenha cuidado e muita calma acabei de ouvir dizer que um macaco fugiu do circo agora mesmo

O cavalheiro ouvindo o aviso voltou-se viu o leão e morreu de um ataque cardíaco O leão então murmurou tristemente

Não adianta nada. É tal a nossa fama de ferocidade que matamos mesmo quando queremos agir em favor do próximo.

Moral *A quem nasce feroz não importa o tom de voz.*

Adaptado de Millôr Fernandes. *Fábulas fabulosas*. Rio de Janeiro: Nórdica, 1997.

ANOTAÇÕES

8. Ordem direta e ordem inversa

1. Leia o poema a seguir:

> Que rumor é esse na mata?
> Por que se alarma a natureza?
> Ai... É a motosserra que mata,
> Cortante, oxigênio e beleza.
>
> Carlos Drummond de Andrade. *Mata Atlântica*.
> Rio de Janeiro: AC&M, 1993.

Todos saíram.
↓ ↓
sujeito predicado

Nessa oração, o sujeito vem antes do predicado, por isso a frase está na **ordem direta**.

A mesma oração pode ser escrita de outro modo.

Saíram todos.
↓ ↓
predicado sujeito

Quando o sujeito vem depois do predicado ou parte da oração está invertida, temos a **ordem inversa**.

- Qual é o sujeito de "se alarma"?

2. O verso está na ordem direta (sujeito-predicado) ou na ordem inversa? Por quê?

3. Leia com atenção as duas manchetes de jornal. Numa delas, o sujeito vem depois do predicado, isto é, está na ordem inversa. Qual é? Transcreva-a nas linhas abaixo.

Recomeça a disputa do Campeonato Metropolitano

Pequisadores desenvolvem trens mais resistentes

59

4. Observe o exemplo e escreva as orações na **ordem direta**.

> Amar eu posso até a hora de morrer.
> **Eu posso amar até a hora de morrer.**

a) Deles eu me orgulho.

b) Para escrever eu nasci.

c) Foi programado o nascimento dos meus filhos.

d) Foram para o banho os dois cães e a cadela.

e) Estão aqui, ao meu lado, os dois meninos.

f) Norteiam a minha vida o amor aos outros e a dedicação à família.

5. Observe o exemplo e escreva as orações na **ordem inversa**.

> O nascimento deles não foi casual.
> **Não foi casual o nascimento deles.**

a) Cada livro meu é uma estreia penosa e feliz.

b) Rolos de fumaça preta desprendiam-se das chaminés das fábricas.

c) A palavra é o meu domínio sobre o mundo.

d) A farmácia fica em que rua?

e) Animais soltos nas ruas causam frequentes acidentes.

9. Vozes do verbo (ativa, passiva e reflexiva)

VOZ ATIVA E VOZ PASSIVA

Leia as frases e responda às questões.

a) Eu **quebrei** o prato.
b) O prato **foi quebrado** por mim.

1. Há alguma diferença de significado entre a frase **a** e a frase **b**?

2. Qual é o sujeito da frase **a**?

3. O sujeito da frase **a** pratica ou recebe a ação expressa pelo verbo?

> Quando o sujeito pratica a ação expressa pelo verbo, dizemos que o sujeito é **agente** e o verbo está na **voz ativa**.

4. Qual é o sujeito da frase **b**?

5. O sujeito da frase **b** pratica ou recebe a ação expressa pelo verbo?

> Quando o sujeito recebe a ação expressa pelo verbo, dizemos que é sujeito **paciente** e o verbo está na **voz passiva**.

6. Sublinhe os sujeitos e classifique-os em sujeitos agentes ou pacientes.

a) Eles aceitaram o convite.

b) O convite foi aceito por eles.

c) A mercadoria deverá ser retirada à tarde.

d) Foram estabelecidas regras de conduta.

e) A diretoria estabeleceu regras de conduta.

61

f) Com certeza, o ágil goleiro defenderá o pênalti.

g) Muitos deputados foram acusados de corrupção.

Os verbos podem passar da voz ativa para a voz passiva. Observe.

a) **Flávia** leu o **artigo do jornal**.
   sujeito / objeto direto
   (ler = transitivo direto, voz ativa)

b) **O artigo do jornal** foi lido **por Flávia**.
   sujeito / agente da passiva
   (ler = transitivo direto, voz passiva)

c) **A árvore caiu**.
   sujeito / verbo intransitivo

d) **Os professores são compreensivos**.
   sujeito / verbo de ligação / predicativo

7. Quais verbos não puderam ser passados para a voz passiva nos exemplos acima?

CONCLUINDO
Somente os verbos transitivos diretos podem passar da voz ativa para a voz passiva.

8. Observe estas frases e complete.

Caio comprou o carro.
O carro foi comprado por Caio.

a) O que é **objeto direto** na **voz ativa** passa a ser _____ na voz passiva.

b) O que é **sujeito** na **voz ativa** passa a ser _____ na voz passiva.

9. Passe as orações da voz ativa para a voz passiva e sublinhe o agente da passiva.

a) A menina quebrou o vaso.

b) O jornal *Estadão* fará o anúncio amanhã.

c) A professora já corrigiu as provas.

d) A secretária marcou várias consultas.

e) A tempestade destruiu as plantações.

f) O mestre explicará a lição.

g) Nós encontraríamos a resposta.

h) Eu vi seu irmão.

i) Manuel pagaria os danos.

j) Os navios cruzam os oceanos.

k) As alunas visitarão os sites.

10. Escreva as funções das palavras em destaque. Siga o exemplo.

> **Eduardo** fez **o trabalho**.
> ↓   ↓
> sujeito   objeto direto
> **O trabalho** foi feito **por Eduardo**.
> ↓   ↓
> sujeito   agente da passiva

a) **Nós** derrotamos **o adversário**.

b) **O adversário** foi derrotado **por nós**.

c) **O mecânico** consertou **o carro**.

d) **O carro** foi consertado **pelo mecânico**.

e) As fábricas poluem o ar.

f) O ar é poluído pelas fábricas.

11. Passe os verbos da voz passiva para a ativa, substituindo o pronome sujeito pelo pronome objeto. Siga o exemplo.

> Ele **foi elogiado** pelo diretor.
> O diretor elogiou-o.

a) Elas foram atendidas pelo presidente.

b) Eles foram expulsos pelo juiz.

c) Ela foi condecorada pelo prefeito.

d) Nós fomos curados pelo médico.

e) Eles foram aplaudidos pelo público.

12. Passe os verbos da voz ativa para a passiva, substituindo o pronome objeto pelo pronome sujeito. Siga o exemplo.

> O caminheiro **avisou**-nos.
> Nós **fomos avisados** pelo caminheiro.

a) Minha amiga convidou-me para jantar.

b) A polícia o procurará.

c) O povo aclamou-o.

d) Nós o encontramos na rua.

13. Empregue o verbo auxiliar da voz passiva (verbo **ser**) de acordo com o tempo do verbo da voz ativa. Siga o exemplo.

> O padeiro **faz** pães.
> Os pães **são feitos** pelo padeiro.

a) Se os pássaros **comessem** esses insetos...

b) Ela **lavaria** a louça.

c) O vento **carregou** a poeira.

d) O professor **corrigirá** as provas.

14. Passe as frases da voz passiva para a voz ativa. Siga o exemplo.

> O Brasil **foi "descoberto"** por Pedro Álvares Cabral.
> Pedro Álvares Cabral **"descobriu"** o Brasil.

a) A carta foi despachada pela secretária.

b) A estrada será construída por nossa firma.

c) Muitos carros seriam exportados pelo Brasil.

VOZ PASSIVA PRONOMINAL

> Observe os exemplos.
> Já **se** lançaram as redes. = As redes já **foram lançadas**.
> Já **se** têm feito muitas experiências. = Muitas experiências já **foram feitas**.
> Abrir-**se**-ão novas lojas. = Novas lojas **serão abertas**.
> Na voz passiva pronominal aparece o pronome **se** associado a um verbo na **3ª pessoa**.
> Na voz passiva pronominal o **agente da passiva** fica indeterminado.
> O pronome **se** usado na voz passiva chama-se **pronome apassivador** ou **partícula apassivadora**.

15. Passe as orações da voz passiva pronominal para a voz passiva analítica. Siga o exemplo.

> Colhem-se as uvas em fevereiro.
> **As uvas são colhidas em fevereiro.**

65

a) Organizaram-se as filas.

b) Entregaram-se os prêmios aos vencedores.

c) Vendem-se apartamentos a preço de custo.

d) Consertam-se sapatos.

VOZ REFLEXIVA

> Observe a frase.
> O operário **machucou-se**.
> Quem praticou a ação? O operário.
> Quem recebeu a ação? O operário.
> Na voz reflexiva o sujeito **pratica** e **recebe** a ação.

16. Crie frases na voz reflexiva com os verbos indicados.

a) ferir-se

b) olhar-se

c) pentear-se

d) enfeitar-se

e) machucar-se

17. Transforme em voz passiva usando a partícula apassivadora **se**. Siga o exemplo.

> Quando construímos a voz passiva usando a partícula apassivadora **se**, temos a voz passiva sintética.

> Casas **são vendidas**.
> Vendem-**se casas**.

a) O jogo era realizado.

b) A casa foi construída.

c) As pontes foram destruídas.

d) O salão foi enfeitado para o casamento.

e) As mercadorias eram enviadas.

> A voz reflexiva pode indicar **reciprocidade** de ação.
> Eles se **agrediram** uns aos outros.
> As moças **entreolharam-se** desconfiadas.

18. Escreva reciprocidade ou voz reflexiva.

a) O garoto feriu-se levemente.

b) Eles se olharam por um instante.

c) Infelizmente ele se enganou.

d) Ela se admirava horas e horas diante do espelho.

e) Após a vitória, os jogadores se abraçaram efusivamente.

19. Complete a cruzadinha com o que se pede.

1. Os navios cruzam os oceanos. (*núcleo do objeto direto*)
2. Os limões foram colhidos por mim. (*núcleo do sujeito passivo*)
3. Resolve-se isso muito facilmente. (*sujeito passivo*)
4. Ouviu-se um forte assobio. (*núcleo do sujeito passivo*)
5. Destruíram-se as pontes velhas. (*núcleo do sujeito passivo*)
6. O menino se machucou. (*voz ativa, passiva ou reflexiva?*)
7. Rasgaram-se estas páginas. (*núcleo do sujeito passivo*)
8. Alguém nos avisou a tempo. (*objeto direto*)
9. Foram expulsos pelo juiz. (*agente da passiva*)

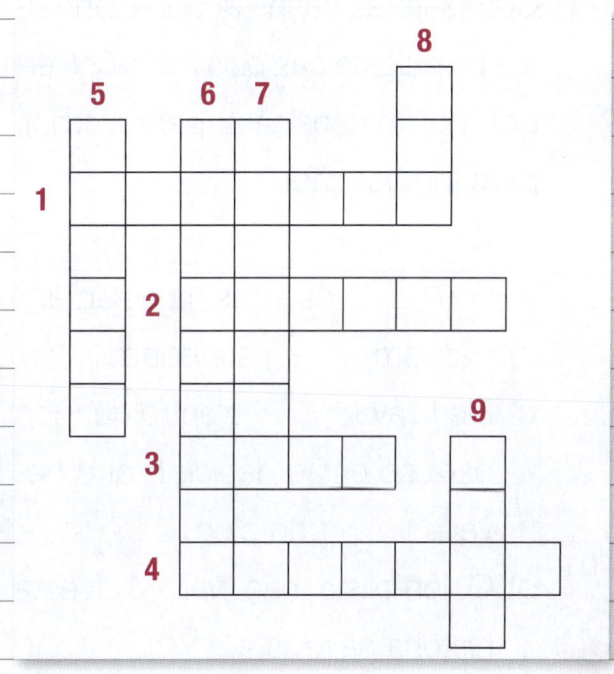

67

ORTOGRAFIA – VAMOS ESCREVER CERTO?

a) Não há crase diante de palavras masculinas.
b) Não há crase diante de verbos.
c) Coloca-se o sinal da crase em **a** e **as** das locuções adverbiais que indicam hora.

1. Relacione os exemplos às regras do quadro acima.

( ) Resolvi submeter minha ideia a eles.
( ) A novela começou às oito horas da noite.
( ) Estava disposto a comprar o DVD.

2. Complete as frases adequadamente servindo-se das palavras **pôr** (verbo), **por** (preposição), **para** (verbo), **para** (preposição).

a) Vou _____ os livros na estante.
b) Passem _____ esta porta.
c) Ele ficava _____ dentro de tudo para só então decidir o que deveria _____ no blog.
d) O jornalista não vai _____ esta história na revista.
e) Para se chegar ao curral, é preciso passar _____ aquela porteira.
f) Vamos _____ os pingos nos is.

3. Derive substantivos abstratos a partir dos adjetivos. Siga o exemplo.

veraz   **veracidade**

a) capaz

b) veloz

c) atroz

d) feliz

e) sagaz

f) incapaz

g) cômico

h) feroz

4. Reescreva as seguintes palavras observando a grafia.

a) gorjeta

b) cafajeste

c) berinjela

d) majestade

e) tigela

f) açougue

g) caçula

h) almaço

i) empecilho

j) ileso

k) humano

l) desumano

m) honra

n) desonra

o) disciplina

p) piscina

q) ansioso

r) privilégio

5. Preencha as lacunas com **ouve** ou **houve**.

a) O que _____ com ele que não apareceu mais por aqui?

b) Menino, _____ com atenção os conselhos dos teus pais.

c) Não _____ tempo para comprar o presente.

d) Quem _____ a voz da consciência vive feliz.

e) Não _____ ninguém que protestasse.

f) Por ocasião do aniversário da cidade, _____ vários festejos.

g) Fale mais alto. Ele não _____ muito bem.

6. Preencha as lacunas com **ai** ou **aí**.

a) Pegue os livros. Estão _____ na gaveta.

b) _____, que dor de dente!

c) A farmácia fica _____ na esquina.

d) Foi _____ que ele interveio e acalmou os ânimos.

7. Forme substantivos com palavras da mesma família dos verbos. Siga os exemplos.

> discutir   **discussão**

a) imprimir

b) permitir

c) emitir

d) progredir

e) regredir

f) transgredir

> contundir   **contusão**

g) incluir

h) concluir

i) confundir

j) ver

> abolir   **abolição**

k) eleger

l) extinguir

m) isentar

n) demolir

o) instruir

p) expedir

q) medir

r) inscrever

s) perseguir

8. Reescreva as frases colocando o sujeito e os verbos no plural.

a) Ele **trouxe** os documentos.

b) Ela **soube** do acidente pelos jornais.

c) A caixa **coube** no armário.

d) Ela **disse** a verdade.

e) O vendaval **fez** estrago.

f) O diretor do clube **reteve** a carteirinha.

g) A família **vem** à praia todo fim de semana.

h) Ele **tem** chegado tarde todos os dias.

i) O funcionário do condomínio **pôs** o lixo no local combinado.

j) Ela sempre **põe** a boca no trombone.

k) Eu **caibo** no primeiro assento. Você **cabe** no terceiro.

l) Ele **vê** tudo que se passa.

m) Ele **lê** o livro com atenção.

10. Plural dos substantivos compostos

Frase dita em todas as segundas-feiras preguiçosas:
– Ainda bem que depois de amanhã será a antevéspera de sexta-feira, preparação para o fim de semana! Tempo de dar as boas-vindas aos amigos!

1. De acordo com o plural **segundas-feiras**, como seria o plural de sexta-feira?

2. Escreva o plural dos outros dias da semana que são formados por palavras compostas.

3. E como será o plural de antevéspera?

4. Observe a regra e escreva os plurais corretamente.

> Os dois elementos vão para o plural quando são palavras variáveis: substantivos e adjetivos.

a) batata-doce

b) surdo-mudo

c) guarda-civil

d) cartão-postal

5. Observe a regra e escreva os plurais corretamente.

> Só o primeiro elemento vai para o plural quando os elementos estão unidos por preposição.

a) flor-de-maio

b) estrela-do-mar

c) pé-de-meia

6. Observe a regra e escreva os plurais corretamente.

> Só o último elemento vai para o plural quando o primeiro elemento for verbo ou palavra invariável (advérbio ou preposição).

verbo + substantivo ou adjetivo

a) guarda-chuva

b) guarda-roupa

c) quebra-cabeça

d) beija-flor

e) arranha-céu

palavra invariável + substantivo ou adjetivo

f) recém-nascido

g) super-homem

h) abaixo-assinado

i) sempre-viva

j) contra-ataque

k) contra-argumento

c) girassol

d) vaivém

ORTOGRAFIA – VAMOS ESCREVER CERTO?

7. Observe a regra e escreva os plurais corretamente.

> No caso de palavras repetidas, só o último elemento vai para o plural.

a) quero-quero

b) tico-tico

c) reco-reco

d) corre-corre

8. Observe a regra e escreva os plurais corretamente.

> No caso de elementos unidos sem hífen (por justaposição), só o último elemento vai para o plural.

a) bombom

b) pontapé

Uso de bem e mal em palavras compostas

Bem-

De modo geral, quando a palavra **bem** aparece no início do vocábulo, usa-se hífen se o segundo elemento da palavra composta começar com **vogal** ou **h**.

bem-**a**ceito, bem-**e**ducado, bem--**h**umorado

Mal-

Também com a palavra **mal**, quando aparece no início do vocábulo, de modo geral, usa-se hífen se o segundo elemento da palavra composta começar com **vogal** ou **h**.

mal-**a**gradecido, mal-**e**ducado, mal--**h**umorado

1. Dê o antônimo das palavras compostas, substituindo **bem** por **mal**.

a) bem-humorado

73

b) bem-apessoado

c) bem-avisado

d) bem-educado

e) bem-acabado

f) bem-afamado

g) bem-amado

h) bem-aventurado

2. Una as palavras para formar substantivos compostos. Consulte o dicionário para saber se elas levam ou não hífen.

a) bem + querer

b) mal + arrumado

c) mal + feito

d) mal + posto

e) bem + intencionado

f) bem + feito

g) bem + ordenado

h) mal + dizer

i) bem + nascido

j) bem + aventurado

> **Atenção:**
> É aconselhável consultar sempre um dicionário para verificar que palavras levam hífen.

3. Preencha as lacunas com **mau** ou **mal**.

> **Lembre que:**
> **Mau** é adjetivo.
> **Mal** é advérbio e substantivo.

a) Ele não era um _____ aluno.

b) Os negócios vão _____ .

c) Você fez _____ em ter vindo.

d) Menino _____ , vivia batendo nos outros.

e) Dormir tarde é um _____ costume.

f) Deixou-se levar pelo _____ colega.

g) _____ chegou, já criou confusão.

h) Não leve a _____ estas palavras.

i) A situação vai de _____ a pior.

j) Procure retribuir o _____ com o bem.

k) Que _____ eu lhe fiz?

l) _____ tempo, _____ passeio.

m) Não há _____ que sempre dure nem bem que nunca acabe.

n) Ela nunca se dá _____ .

POR QUE – PORQUE – PORQUÊ – POR QUÊ

- **Por que**

1. Usamos **por que** em perguntas.
   Por que existem guerras?
2. Usamos **por que** quando for possível substituí-lo pelas expressões **pelo qual**, **pela qual**, **pelos quais**, **pelas quais**.
   A causa **por que** lutamos é gratificante.
   =
   A causa **pela qual** lutamos é gratificante.
3. Usamos **por que** quando for possível substituí-lo pela expressão **por qual motivo**.
   Estou sempre perguntando para minha mãe **por que** (por qual motivo) a escola não ensina coisas que a gente possa aproveitar na vida.

- **Porque**

Usamos **porque** em respostas ou em justificativas.
Não fui à festa **porque** estava doente.

- **Porquê**

Usamos **porquê** quando for palavra substantivada, isto é, se estiver acompanhada de artigo, pronome, adjetivo ou numeral.
Quero saber **o porquê** de sua revolta.

- **Por quê**

Escreve-se **por quê** quando vier isolado, geralmente no final da frase.
Ela não passou de ano **por quê**?
O ônibus parou, não se sabe **por quê**.

4. Empregue devidamente **por que, porque, porquê, por quê**.

a) _____ você não paga a conta?

b) Não pago _____ estou sem dinheiro.

c) Nós já sabemos o _____ da revolta.

d) A infância é a fase dos _____.

e) _____ estamos neste mundo?

f) Foste lá _____?

g) O ideal _____ lutamos é elevado.

h) _____ ela ri tanto?

i) Você sabe _____ os homens foram à Lua?

j) Ainda não descobri _____ existe tanta incompreensão entre os homens.

k) Você poderia me explicar o _____ disso tudo?

5. Complete as frases com **a, à** ou **há**.

a) O fato aconteceu _____ muitos anos.

b) Voltei a estudar _____ noite.

c) Somente daqui _____ dez dias retornarei _____ escola.

d) Assisti _____ cerimônia de formatura.

e) Hoje fui _____ academia _____ pé.

f) Não _____ nada que eu possa fazer _____ você.

PRÁTICA DE PRODUÇÃO DE TEXTO

A página reproduzida a seguir foi retirada do *Guia do torcedor*, material criado pelo Ministério das Relações Exteriores, destinado a torcedores que viajaram para assistir aos jogos do Mundial de Clubes da Fifa no Japão. Leia o texto e responda às questões.

PROIBIDO NOS ESTÁDIOS

GUIA DO TORCEDOR

A área de exposição de faixa das torcidas é somente atrás do gol.
No entanto, mesmo atrás do gol, não é permitido faixa nas cadeiras reservadas.
Veja o que o torcedor não pode levar para o estádio ou fazer dentro dele.

▶ **NÃO LEVAR**

- Latas e garrafas
- Objetos cortantes ou de perfuração
- Qualquer tipo de vidro
- Fogos de artifício
- Líquido, gás ou material químico inflamável
- Buzina ou apito
- Arma de fogo
- Caneta laser
- Arma branca
- Spray
- Drogas
- Rolos de papel
- Alto-falantes
- Bandeiras e faixas com frases ofensivas
- Escada

▶ **NÃO FAZER**

- Brigar ou incentivar brigas
- Sentar fora das cadeiras ou arquibancadas
- Pular em cima das cadeiras
- Pular os alambrados
- Pendurar-se nos alambrados e muretas
- Sentar ou se apoiar nas muretas
- Jogar objetos no campo
- Lançar objetos nas arquibancadas ou cadeiras
- Permanecer nas passagens de acesso
- Fumar em locais proibidos
- Comer ou beber em locais proibidos
- Praticar qualquer tipo de venda
- Invadir o campo

Ministério das Relações Exteriores

1. A página apresenta divisão em duas partes. Que títulos dividem as instruções em duas partes?

2. A maior parte das frases do texto corresponde a advertências. Escreva duas delas, considerando o primeiro item copiado na resposta anterior.

3. Considere a seguinte advertência contida no guia: Não levar buzina ou apito.
Esse tipo de advertência corresponde à realidade que costumamos ver nos estádios brasileiros?

4. Ao ler as advertências, você deve ter notado que essas restrições foram dadas em um determinado contexto: para torcedores que foram assistir aos jogos no Japão. Porém, elas também podem servir de referência para o comportamento dos torcedores em geral. Com base na realidade das torcidas nos estádios brasileiros, e também no modo como alguns torcedores se comportam nas ruas antes e depois dos jogos, escreva um texto dando sua opinião a respeito desse assunto. Em seu texto, leve em conta as "advertências" apresentadas no *Guia do torcedor*.

11. Modos verbais

- Observe esta tira do Ziraldo.

Quadrinho 1: EU GOSTARIA DE DIVIDIR ESTE PRÊMIO...
Quadrinho 2: ...COM VOCÊ QUE ESTÁ AÍ NA PLATEIA...
Quadrinho 3: ...DESDE QUE VOCÊ DIVIDA TAMBÉM SUA PIPOCA COMIGO!

As melhores tiradas do Menino Maluquinho. São Paulo: Melhoramentos, 2000.

1. Compare as formas verbais usadas nos quadrinhos e responda às questões.

a) No primeiro e segundo quadrinhos o personagem afirma algo. Complete a frase que indica o que ele afirma.
Eu _____ este prêmio com você que está aí na plateia.

b) Em qual quadrinho ele transmite a ideia de algo incerto, de possibilidade?

CONCLUINDO

- Emprega-se o **modo indicativo** para transmitir um **fato certo**, **concreto**: "... Eu gostaria de dividir este prêmio...".
- Emprega-se o **modo subjuntivo** para mencionar **algo incerto**, que pode acontecer ou não: "... desde que você *divida* também sua pipoca comigo!". Ou seja, a pessoa da plateia poderá ou não dividir a pipoca.

2. Em qual das alternativas o verbo em destaque dá ideia de algo incerto, duvidoso?

a) (   ) O meu time **joga** hoje.

b) (   ) Espero que ele **vença**.

3. Complete as frases a seguir conjugando os verbos entre parênteses.

a) Se eu _____ uma criança perdida, eu a encaminharia a uma autoridade. (*perceber*)

b) Como você agiria se alguém o _____ durante um jogo? (*agredir*)

c) O que você faria se _____ na loteria. (*ganhar*)

d) Que todas as crianças e jovens _____ o direito de estudar. (*ter*)

e) Quando eu _____ novamente o meu país, nada mais será como antes. (*ver*)

f) Quando eu _____ para cá de novo, prometo trazer minha irmã comigo. (*vir*)

4. Os verbos das orações sublinhadas no exercício anterior indicam fatos certos ou hipotéticos?

• Em que modo estão conjugados os verbos usados para completar as frases do exercício 3?

5. Assinale as frases que relatam fatos hipotéticos.

a) (   ) Ela não teria morrido **se tivesse sido socorrida** a tempo.

b) (   ) A fábrica **dispensou** vários funcionários.

c) (   ) "Se essa rua **fosse** minha, eu mandava ladrilhar."

d) (   ) Eu **vou encontrar** alguém que goste de mim.

e) (   ) Talvez eu **possa ir** à festa.

Lembre que:

Os modos verbais exprimem a relação entre aquele que fala e o fato expresso.

São três os modos verbais.

1. Modo indicativo

O modo indicativo expressa um fato real, certo: **Saiu** com os amigos.

2. Modo subjuntivo

O modo subjuntivo expressa um fato duvidoso, hipotético: Se ele **saísse**, passaria frio.

3. Modo imperativo

O modo imperativo expressa ordem, conselho, pedido: **Saia** daqui!

6. Complete os períodos com verbos ou locuções verbais no modo subjuntivo.

a) Se nós _____, teríamos ganhado o jogo.

b) Se ele _____, teria passado de ano.

c) Se nós _____, compraríamos a casa.

d) Se ele _____, não iria ao médico.

e) Quando ela _____, avise-me.

7. Preencha as lacunas com o imperativo dos verbos entre parênteses.

a) _____ mais, para que vossas oportunidades sejam melhores. (estudar)

b) Não _____ as chances perdidas, mas lutemos sempre. (chorar)

c) _____ o melhor que você puder. (fazer)

d) Não _____ tão cedo, completai antes as questões dadas. (sair)

e) _____ o material e vamos à luta. (pegar)

f) Não _____, pois tu és capaz de vencer. (desanimar)

g) _____ em ordem vossos exercícios, pois avaliarei os cadernos. (pôr)

Lembre que:

O modo imperativo pode expressar ordem, conselho ou pedido.

8. Escreva (O) para ordem, (C) para conselho e (P) para pedido, de acordo com as ideias dos verbos em cada frase.

a) Estás expulso de campo! **Retira-te!** ( )

b) **Seja** prudente, meu filho. ( )

c) Por favor, **entregue** este livro ao Alberto. ( )

81

d) **Feche** a porta, por gentileza. ( )

e) **Suma** daqui! ( )

f) **Esteja** sempre atento às explicações do mestre. ( )

9. Observe o verbo destacado e identifique os modos verbais.

- **ind.** para o modo indicativo
- **imp.** para o modo imperativo
- **subj.** para o modo subjuntivo

a) Quando **for** à sua cidade, pretendo visitá-lo.

b) Se eu **fosse** rico, ajudá-lo-ia.

c) Hoje **bebemos** água da fonte.

d) **Corra**! Depressa, senão você perde o ônibus!

e) Soldados! Atenção! **Marchem**!

f) Se **chover**, ficaremos em casa.

10. Identifique o modo do verbo e o que ele expressa. Siga o exemplo.

Levantou-se vagarosamente da cadeira.

Modo indicativo – expressa um fato real, certo.

a) Garoto, **venha** aqui, por favor.

b) Se você **vier** mais cedo, poderá encontrar o professor.

c) **Faça** benfeito tudo aquilo que lhe pedem.

d) Ao levantar, ela **abriu** as janelas da casa.

11. Transcreva a oração fazendo variar o verbo e os pronomes oblíquos de acordo com os sujeitos.

> **Eu** não **me** arrependo de nada.

a) Tu

b) Ele

c) Nós

d) Vós

e) Eles

12. Transcreva a oração fazendo variar os pronomes possessivos de acordo com os sujeitos.

> **Eu** cumpri o **meu** dever e fiz o que pude.

a) Tu

b) Ele

c) Nós

d) Vós

e) Eles

13. Varie os verbos de acordo com os sujeitos.

> (*eu*) Quando **eu** fizer o que imagino, vencerei.

a) (*tu*)

b) (*ele*)

c) (*nós*)

d) (*vós*)

e) (*eles*)

14. Complete as orações empregando os verbos no imperativo afirmativo e negativo.

> Se quiser ser feliz, **faça o bem e não seja egoísta.**

a) Se quiseres ser feliz,

b) Se quisermos ser felizes,

c) Se quiserdes ser felizes,

d) Se quiserem ser felizes,

15. Faça variar os verbos de acordo com os sujeitos.

> Talvez **eu faça** o que **prometi**.

a) Talvez tu

b) Talvez ele

c) Talvez nós

d) Talvez vós

e) Talvez eles

VERBOS IRREGULARES
São aqueles que apresentam formas irregulares em algumas pessoas, alguns tempos ou modos.

16. Varie os verbos **ir** e **vir** de acordo com o sujeito.

> Eu **vou** e **venho** logo.

a) Tu

b) Ele

c) Nós

d) Vós

e) Eles

17. Complete as lacunas com as formas verbais adequadas.

Trazer

a) Tu não _____ caderno por quê? (*pret. perf. ind.*)

b) Eu não o _____ porque esqueci. (*pret. perf. ind.*)

c) Se _____ a bola, jogaremos após as aulas. (*fut. do subj.*)

d) Quem havia _____ a bola ontem? (*particípio*)

e) Quero que vocês _____ a redação pronta amanhã. (*pres. do subj.*)

Saber

a) Eu _____ do acidente pelos jornais. (*pret. perf. ind.*)

b) É bom que você _____ que eu sou seu amigo. (*pres. do subj.*)

c) Se _____ do perigo, não teríamos ido lá. (*pret. imperf. subj.*)

d) Quando eu _____ de alguma coisa, telefonarei. (*fut. do subj.*)

e) Ao _____ da notícia, eles ficarão alegres. (*inf. pess.*)

Querer

a) Quer _____, quer não _____, nosso candidato será eleito. (*pres. subj.*)

b) Ela não _____ aceitar o convite. (*pret. perf. ind.*)

c) Se eles _____, chegariam a tempo. (*pret. imperf. subj.*)

d) Quando _____ voltar, avise-me. (*fut. subj.*)

Poder

a) Infelizmente não _____ chegar antes. (*pret. perf. ind.*)

b) Ontem ninguém _____ sair porque choveu. (*pret. perf. ind.*)

c) Torço para que vocês _____ vencer todas as dificuldades. (*pres. subj.*)

d) Se eu _____, ajudaria. (*pret. imperf. subj.*)

e) Quando _____, iremos visitá-lo. (*fut. subj.*)

f) Faze o que _____. (*fut. subj.*)

Caber

a) Faça com que _____ tudo em sua bolsa. (*pres. subj.*)

b) Eu não _____ nessa calça. É pequena demais. (*pres. ind.*)

c) A mala não _____ no carro. (*pret. perf. ind.*)

d) Se esse armário _____ no quarto, eu o compraria. (*imperf. subj.*)

Perder

a) Pare de falar, antes que eu _____ a paciência. (*pres. subj.*)

b) Tinha _____ muito tempo com ninharias. (*particípio*)

c) Eu não _____ meu dinheiro com futilidades. (*pres. ind.*)

Dizer

a) Tu não sabes o que _____. (*pres. ind.*)

b) Eu gostaria que você _____ a verdade. (*pret. imperf. subj.*)

c) Se _____ a verdade, serão perdoados. (*fut. do subj.*)

d) Mantenho o que havia _____. (*particípio*)

Ter

a) Hoje eles _____ um bom emprego. (*pres. ind.*)

b) É necessário que _____ coragem de vencer. (*pres. subj.*)

c) Se _____ dinheiro, compraríamos o carro. (*pret. imperf. subj.*)

d) Quando _____ chegado, telefone-me. (*fut. subj.*)

Deter

a) Os policiais _____ o ladrão. (*pret. perf. ind.*)

b) Será ótimo para o país se o governo _____ a inflação. (*fut. subj.*)

c) Se eu _____ o poder, cuidaria melhor da pobreza. (*pret. imperf. subj.*)

d) Não há nada que _____ a fúria da tempestade. (*pres. subj.*)

Pôr

a) Pergunte onde eles _____ o dinheiro. (*pres. ind.*)

b) Onde vocês _____ o dinheiro? (*pret. perf. ind.*)

c) O gerente quer que nós _____ o dinheiro no banco dele. (*pres. subj.*)

d) Eu não _____ acento na palavra. (*pret. perf. ind.*)

e) Ele não _____ o nome na prova. (*pret. perf. ind.*)

f) Quanto renderia se eu _____ dinheiro a juros? (*pret. imperf. subj.*)

g) Se _____ acento na palavra pó, ficará certo? (*fut. subj.*)

Haver

a) Haja o que _____, estarei sempre ao seu lado. (*fut. subj.*)

b) Se me _____ escutado, não estariam se lamentando. (*pret. imperf. subj.*)

c) Não sei o que _____ com ela. (*pret. perf. ind.*)

d) Espero que não _____ imprevistos. (*pres. subj.*)

Ser

a) Nós _____ felizes e não sabíamos. (*pret. imperf. ind.*)

b) É importante que essas dúvidas _____ esclarecidas. (*pres. subj.*)

c) Se _____ cuidadosos, nada de ruim acontecerá. (*fut. subj.*)

d) Se _____ avisados, teríamos saído antes. (*pret. imperf. subj.*)

18. Conjugue os verbos irregulares como se pede entre parênteses.

a) **valer** (*pres. ind. 1ª pess. sing.*)

b) **falir** (*pres. ind. 1ª pess. pl.*)

c) **ver** (*fut. do subj. 2ª pess. sing.*)

d) **requerer** (*pres. ind. 3ª pess. sing.*)

e) **caber** (*pret. perf. do ind. 3ª pess. sing.*)

f) **reaver** (*fut. do pret. do ind. 3ª pess. sing.*)

g) **fazer** (*pret. imperf. do subj. 1ª pess. sing.*)

h) **moer** (*pres. ind. 3ª pess. pl.*)

i) **crer** (*pret. perf. do ind. 1ª pess. sing.*)

j) **pular** (*pres. ind. 1ª pess. sing.*)

k) **perder** (*pres. ind. 1ª pess. sing.*)

l) **dizer** (*pret. imperf. do subj. 1ª pess. sing.*)

m) **construir** (*pres. ind. 3ª pess. sing.*)

n) **ir** (*pret. perf. do ind. 3ª pess. sing.*)

o) **vir** (*fut. do subj. 3ª pess. sing.*)

p) **poder** (*pret. perf. do ind. 3ª pess. sing.*)

q) **ferir** (*pres. ind. 2ª pess. sing.*)

r) **trazer** (*pret. imperf. do subj. 1ª pess. sing.*)

s) **pedir** (*pres. ind. 1ª pess. sing.*)

t) **agredir** (*pres. ind. 2ª pess. sing.*)

u) **ouvir** (*pres. ind. 1ª pess. sing.*)

v) **cobrir** (*pres. subj. 1ª pess. sing.*)

19. Passe os verbos para o plural, fazendo as alterações necessárias.

a) Crê na tua capacidade.

b) Se pudesse, iria visitá-lo.

c) Tu puseste os livros onde os encontraste?

d) Foge daqueles que te bajulam.

e) Quando fores embora, avisa-me.

f) Se eu vir você em dificuldades, vou ajudá-lo.

g) Se souberes algo do meu amigo, telefona-me.

h) Ele reouve alguns de seus bens.

i) Peça ao jardineiro que águe as plantas.

j) Eu trouxe as encomendas.

20. Complete as frases com os verbos destacados nos tempos e modos indicados.

a) **provir:** presente do indicativo
O queijo e a manteiga _____ do leite.

b) **trazer:** pretérito perfeito do indicativo
Seu ato impensado _____ graves consequências.

c) **poder:** presente do subjuntivo
Lutemos com afinco para que _____ conseguir nosso objetivo.

d) **dar:** pretérito mais-que-perfeito do indicativo
Quem me _____ estar ao seu lado!

e) **construir:** presente do indicativo
Nossa firma _____ pontes.

f) **aguar:** presente do subjuntivo
É necessário que os jardineiros _____ as plantas todos os dias.

g) **poder:** futuro do subjuntivo
Se _____, daremos nosso apoio.

h) **reaver:** pretérito perfeito do indicativo
Ele _____ tudo o que perdeu.

i) **fugir:** 2ª pessoa do plural do imperativo afirmativo
_____ enquanto é tempo.

j) **passear:** presente do subjuntivo
É necessário que _____ para nos distrair.

k) **haver:** pretérito imperfeito do subjuntivo
Talvez _____ alguma coisa que o distraísse.

21. Passe para o singular.

a) As roupas couberam na mala.

b) Nós trouxemos a bola.

c) Elas não puderam comparecer.

d) Ainda não obtivemos permissão.

e) Já pusemos as cartas no correio.

f) Quiseram subornar-me.

g) Convidai vossos amigos para a festa.

h) Crede em você mesmo.

i) Cearemos com nossos amigos.

j) As plantas dão frutos.

22. Indique a pessoa, o tempo e o modo das formas verbais.

a) pudemos

b) deem

c) nomeias

d) couberas

e) fizéssemos

f) crê

g) disserem

h) leem

i) percas

j) pôde

k) púnhamos

l) fazemos

m) quiséssemos

n) reaveria

o) trouxeres

p) vieres

q) viesses

ORTOGRAFIA – VAMOS ESCREVER CERTO?

1. Encontre substantivos correspondentes aos verbos. Veja o modelo.

adquirir   **aquisição**

a) admoestar

b) adaptar

c) obter

d) obstruir

e) infeccionar

f) confeccionar

g) recepcionar

h) optar

i) corromper

2. Complete adequadamente as frases com **a fim de** ou **afim** (**afins**).

a) Almas _____ jamais se separam.

b) Não estava _____ ir ao cinema com o pessoal.

c) Nós temos objetivos _____.

d) Saiu _____ de visitar os amigos.

3. Observe atentamente a grafia das palavras que têm encontros consonantais. Depois copie-as, separando as sílabas.

magnífico	confecção
ignorar	ficção
digno	dicção
maligno	opção
pneu	obturar
pneumonia	obstruir
hipnose	obter
hipnotismo	admirar
psicologia	admitir
psíquico	admissão
pseudônimo	objeto
infecção	objeção
infeccionar	advogado

4. Preencha as lacunas com as palavras parônimas.

a) deferiu – diferiu

Seu ponto de vista _____ do meu.

O Secretário da Educação _____ o nosso pedido.

b) cumprimento – comprimento

É importante o _____ de todas as leis de trânsito.

Qual é o _____ da lateral desse terreno?

c) eminente – iminente

Estamos em perigo _____ de sermos despejados.

Um _____ político daquele país estava envolvido no caso.

d) despensa – dispensa

Os cereais encontram-se na _____.

Meu colega obteve _____ das aulas de Educação Física.

e) emergir – imergir

O submarino vai _____ do fundo do mar, para, em seguida, _____ .

f) emigraram – imigraram

Os italianos _____ para o Brasil em busca de uma vida melhor.

Ela e a mãe _____ para a França em 2010.

5. Escreva o antônimo usando o prefixo **des-**.

a) humano

b) honesto

c) habitado

d) honra

6. Copie estas palavras, observando a grafia.

a) calabouço

b) autoridade

c) autorizar

d) autodefesa

e) autocrítica

f) autêntico

g) autenticar

h) autógrafo

i) autônomo

j) auditivo

k) auditório

l) audiência

m) audaz

n) açougue

o) afrouxar

p) agouro

q) poupar

r) poupança

12. Verbos irregulares da primeira conjugação

1. O que são verbos irregulares?

2. Conjugue o verbo **enxaguar** no presente do indicativo.

3. Conjugue o verbo **dar** no presente e no pretérito imperfeito do subjuntivo. Veja os modelos.

presente do subjuntivo

Que eu dê apoio.

imperfeito do subjuntivo

Se eu desse apoio.

4. Reescreva as frases, colocando os verbos no presente do indicativo.

a) Eu hasteei a bandeira da vitória.

b) Tu penteaste os cabelos?

c) Elas semearam as sementes da fraternidade.

d) Você arreou o cavalo?

e) Elas aguaram as plantinhas.

f) Nós enxaguamos as louças todos os dias.

g) Ela perdoou minhas palavras.

h) Dona Filó coou o mel.

i) Tu coastes a garapa?

j) Eu abotoei o casaco.

5. Crie frases com os verbos seguintes. Escolha modo, tempo e pessoa diversos.

a) optar

b) intoxicar

c) infeccionar

6. Separe as sílabas das formas verbais em destaque.

a) Eu **peneiro** o café.

b) Tu **afrouxas** o nó da corda.

c) A bomba **estoura** facilmente.

d) O aparelho **capta** o som.

e) **Designaram**-me para este cargo.

f) A turma **recepcionou**-o muito bem.

g) O dentista **obturou**-me dois dentes.

h) A polícia **capturou** o ladrão.

i) Teu nome **consta** da lista.

7. Escreva as frases no plural, observando as formas verbais.

a) Ela água as plantas logo cedo.

b) Tu águas a horta à tardinha.

c) Se eu tiver tempo, talvez eu águe estas plantas.

d) Se ela puder, talvez ela águe o jardim.

e) Ela enxágua as roupas.

f) Quero que ele dê uma olhada nestes papéis.

g) Você manuseia bem a ferramenta?

8. Escreva no singular, observando as formas verbais.

a) Ontem eles averiguaram o fato.

b) É necessário que vocês averiguem a verdade.

c) Nós adoramos a companhia de vocês.

d) Elas perdoam os amigos.

ORTOGRAFIA – VAMOS ESCREVER CERTO?

1. Dê o plural das palavras terminadas em **-ão**.

a) singular: **-ão**, plural: **-ões**

A maioria das palavras terminadas em **-ão** faz o plural em **-ões**.

gavião

contemplação

corrupião

aflição

coração

b) singular: **-ão**, plural: **-ãos**

grão

mão

corrimão

irmão

cidadão

bênção

órfão

sótão

c) singular: **-ão**, plural: **-ães**

pão

cão

alemão

capitão

guardião

tabelião

escrivão

2. Agora, crie uma frase empregando **qualquer** e outra empregando **quaisquer**.

3. Observe que todas as palavras proparoxítonas levam acento.

> magnífico – satélite – sarcófago
> súbita – rápido – quilômetro
> catástrofe – tráfego – tráfico
> esplêndido – mísero

Agora, copie essas palavras prestando atenção na grafia.

4. Escreva formas verbais proparoxítonas correspondentes aos seguintes verbos. Veja o modelo.

> poderíamos, pudéssemos, pudéramos

> poder – saber – caber
> descer – nascer – crescer

PRÁTICA DE PRODUÇÃO DE TEXTO

Na página 79, você leu uma tirinha em que o personagem recebe um prêmio. Em muitas situações, e por diferentes razões, há pessoas que são premiadas ou que recebem algum tipo de reconhecimento público. Lembre-se de um evento em que você, alguém que conheça ou uma personalidade pública tenha recebido um prêmio. Escreva um texto contando esse fato. Você também poderá pesquisar sobre esse assunto, escolher um fato noticiado e contá-lo em seu texto.

DITADO

13. Verbos irregulares da segunda e terceira conjugações

1. Conjugue o verbo **caber** no pretérito perfeito do indicativo.

Eu
Tu
Ele/Ela
Nós
Vós
Eles/Elas

2. Conjugue o verbo **caber** no presente do subjuntivo.

Que eu
Que tu
Que ele(a)
Que nós
Que vós
Que eles(as)

3. Conjugue o verbo **saber** no pretérito perfeito do indicativo.

Eu _____ de tudo.

4. Conjugue o verbo **ler** observando a acentuação.

Presente do indicativo

Eu _____ bons livros.
Tu _____ bons livros.
Ele/Ela _____ bons livros.
Nós _____ bons livros.
Vós _____ bons livros.
Eles/Elas _____ bons livros.

5. Conjugue o verbo **fazer** no futuro do subjuntivo.

Quando eu _____ a lição.

6. Dê a diferença entre as formas verbais **pode** e **pôde**. Em seguida, faça uma frase com cada uma delas.

• pode:

• pôde:

7. Passe os verbos para o pretérito perfeito do indicativo.

a) Eu descubro o segredo.

b) Nós vimos do cinema.

c) Nós vemos a bela paisagem.

d) Eles trazem boas notícias.

e) Ela quer revistas sobre moda.

f) Elas sabem a lição.

g) Eu perco muito tempo.

h) Vós fazeis o que deveis?

i) Vós dizeis o que sabeis?

j) Ele crê no que diz?

8. Reescreva as frases, introduzindo o advérbio **talvez** e colocando os verbos no presente do subjuntivo. Siga o modelo.

> **Eu vendo** meu carro.
> **Talvez eu venda** meu carro.

a) Os pacotes cabem no bagageiro.

b) Ela crê em tudo o que dizem.

c) Eles dizem mentiras.

d) Tu fazes esforços exagerados.

e) Elas perdem o trem.

f) Vocês querem dinheiro.

g) O carro vale pouco.

h) Eles vão a pé.

i) Elas riem de nós.

j) Nós pedimos auxílio.

k) Eu previno a turma.

9. Observe o modelo e reescreva as frases, empregando o pretérito imperfeito do subjuntivo. Siga o modelo.

> Os livros / caber / na sacola / eu / o levar.
> **Se os livros coubessem na sacola, eu os levaria.**

a) A máquina / fazer / muito barulho / eu / a desligar.

b) Meu amigo / trazer / os CDs / nós / os ouvir.

c) Vocês / me pedir / informações / eu / as dar.

d) Elas / saber / a música / elas / nos ensinar.

e) Eu / dizer / como foi / você / rir.

10. Reescreva as frases, colocando o verbo no presente do subjuntivo.

a) Talvez eu / necessitar / tua orientação.

b) Quero que ela / rechear / o bolo com amêndoas.

c) Tomara que você / bloquear / o mal em tempo.

d) Querem que eu / aguar / as alfaces.

e) Pretendem que vocês / dar / uma solução ao caso.

f) Talvez você / dar / um jeito nisso.

g) Tomara que elas não / magoar / as colegas.

h) Talvez este rio / desaguar / num lago.

i) Preciso que vocês / coar / o café.

11. Passe as frases para o plural.

a) O gavião pôde capturar a presa.

b) Ela trouxe uma notícia sensacional.

c) Se eu soubesse atirar, acertaria o alvo.

12. Passe as frases para o plural, conforme o modelo.

> Posso viver com pouco dinheiro.
> **Podemos viver com pouco dinheiro.**

a) Obtive um privilégio especial.

b) Fui recepcionado por um conhecido advogado.

c) Não há obstáculo difícil.

d) Atingi meu objetivo.

e) Adaptei-me à circunstância.

f) Foi designado um administrador apto para a seção.

g) Estou convicto de que haverá nova opção.

13. Passe as frases para o plural observando o emprego do imperativo (afirmativo e negativo). Veja o modelo.

> Reza por mim.
> **Rezai por nós.**

a) Cuida do teu filho.

b) Não chores mais.

c) Abençoa teu filho.

d) Não digas tolice.

e) Não faças aos outros o que não queres que façam a ti.

f) Cumpre o teu dever.

g) Volte cedo.

h) Proteja suas crianças.

i) Trabalha, trabalha sempre.

ORTOGRAFIA – VAMOS ESCREVER CERTO?

1. Escreva a 1ª pessoa do singular do presente do indicativo dos verbos a seguir. Veja o modelo.

> abençoar   abenç**oo**

a) enjoar

b) perdoar

c) magoar

d) abotoar

e) voar

f) coar

g) moer

h) doar

i) roer

2. Veja o modelo e, em seguida, escreva os verbos no plural.

> **ele mantém – eles mantêm**
> **que ele dê – que eles deem**

a) ele contém

b) ela vê

c) ele retém

d) ela crê

e) ele convém

f) ele lê

g) ela provém

3. Complete as frases com os verbos do quadro.

> contêm   provém   retém   provê
> retêm   convém   contém   proveem
> convêm   provêm

a) Aqueles turistas _____ de um país muito distante.

b) Cuidado! Essa caixa _____ um artigo muito frágil.

c) Elas _____ tudo para as famílias carentes.

d) Os policiais _____ todos os objetos que não são permitidos no *show*.

e) Muitos não se _____ ao receber insultos e partem para a briga.

f) O pai _____ o que falta na despensa e a mãe o que falta na caixa de remédios.

g) _____ que você volte para casa.

h) O aluno _____ de outro estado.

i) Nem todos os tipos de alimentos me _____.

j) A barragem _____ as águas do riacho.

PRÁTICA DE PRODUÇÃO DE TEXTO

Escreva um poema usando os verbos do quadro.

> reter – conter – crer – ver – vir
> reler – caber – magoar – enjoar

- Não importa a quantidade de versos nem de estrofes.
- Não é necessário usar todos os verbos da lista.
- Os verbos não precisam estar no infinitivo. Conjugue-os conforme o que desejar expressar no poema.

14. Pontuação

Usamos a pontuação para:
- Assinalar pausas na leitura.
- Separar palavras, expressões ou orações que devem ser destacadas umas das outras.
- Deixar claro o sentido da frase.

1. Por que a vírgula foi usada nas frases abaixo? Relacione as frases com o motivo.

Pai, mãe, filho e filha saíram cedo. ■	Para separar o vocativo.
Os curiosos chegam, olham o incidente, perguntam o que houve e seguem em frente. ■	Para separar o aposto.
Sérgio, dirija devagar! ■	Para separar orações intercaladas.
Flávia, **sua amiga**, é alegre e divertida. ■	Para separar palavras.
O livro, diz ele, é fantástico! ■	Para separar orações coordenadas assindéticas (sem conjunções).
O avião taxiava, **isto é**, preparava-se para decolar, quando ele chegou. ■	Para separar orações adverbiais.
Enquanto ela dormia, saí de mansinho. ■	Para separar expressões explicativas.
Pessoas esclarecidas, **contudo**, não votam em candidato corrupto. ■	Para separar adjuntos adverbiais.
Eis que, **aos poucos, lá pelas bandas do oriente**, clareias um cantinho do céu. (Visconde de Taunay) ■	Para separar certas conjunções: mas, porém, contudo, entretanto etc.
Quem muito quer, nada tem. ■	Para separar ideias contrastantes de um provérbio.

EMPREGAMOS OS DOIS-PONTOS:

- Para anunciar a fala dos personagens de uma história ou diálogo.
  E a raposa falou para o galo:
  – Desce daí amigo galo, que eu quero te abraçar...
- Antes de uma citação.
  Eis o que diz o poema: "Tudo vale a pena se a alma não é pequena".
- Antes de enumerações.
  Tudo ameaçava a população ribeirinha: enchentes, desmoronamentos, poluição, ratos, doenças...
- Antes de orações apositivas.
  Só exijo uma condição: voltem antes da meia-noite.
- Para indicar o resultado ou resumo do que se disse.
  Estudou o ano todo. Resultado: foi aprovado.

2. Crie frases, empregando os dois-pontos, de acordo com as orientações e os exemplos citados anteriormente.

a)

b)

c)

d)

e)

USA-SE O TRAVESSÃO:

- Nos diálogos, para indicar mudança de interlocutor ou, simplesmente, o início da fala de um personagem.
  – Psssiu, psssiu!
  – Eu? – virou-se Juvenal, apontando para o próprio peito.
- Para separar expressões ou frases intercaladas.
  Apresentou-me a professora – uma jovem simpática –, a qual me atendeu com presteza e muita atenção.
- Para destacar palavras ou orações.
  Para muitos, a vida gira só em torno de coisas materiais, como mansões, joias, festas, carros, comidas finas – dinheiro.
- O travessão pode substituir as vírgulas, os parênteses e os dois-pontos.
  O que o atacante pretendia era isto – passar a bola para o ponta-esquerda.

3. Crie frases, empregando travessões, de acordo com as orientações e os exemplos citados anteriormente.

a)

b)

c)

ORTOGRAFIA – VAMOS ESCREVER CERTO?

1. Preencha a cruzadinha com o que se pede.

1. Geralmente, fica na sala de estar. Serve para sentar.
2. Bebida muito apreciada no Brasil e que costuma ser oferecida quando as visitas chegam.
3. O antônimo de entrada.
4. Se eu trouxesse; se tu trouxesses; se ele trouxesse; se nós...
5. Grande serpente, com até 4 metros de comprimento, que se alimenta de mamíferos, aves e répteis.
6. O plural de farol.
7. Serve para iluminar. Thomas Edison é conhecido por tê-la inventado na sua versão elétrica incandescente.
8. Pessoa que sofre ou sacrifica a própria vida por uma causa ou crença.
9. Cumprimento usado, por exemplo, no aniversário das pessoas.
10. Sinal usado para unir elementos em algumas palavras compostas.
11. Regra de acentuação: acentuam-se todas as palavras...
12. Adjetivo: quem é dotado de habilidade é...

ONDE – AONDE

Onde você mora? → **Em** que lugar você mora?

Aonde você vai? → **A** (para) que lugar você vai?
↓
a + onde   Vai **a** (para) algum lugar?

Concluindo
➢ Emprega-se **aonde** com verbos de movimento, que exigem a preposição **a/para**:
- **ir** (quem vai, vai **a/para** algum lugar)
- **dirigir-se** (quem se dirige, dirige-se **a/para** algum lugar)
- **encaminhar-se** (quem se encaminha, encaminha-se **a/para** algum lugar).

➢ Usa-se **onde** com quaisquer outros verbos.

2. Complete as frases com onde ou aonde.

a) _____ seus pais foram?

b) A casa _____ moro foi de meu tio.

c) O lugar _____ paramos era deserto.

d) Poderia me dizer _____ iam aqueles três patetas?

e) _____ está o agasalho?

f) Ele e ela vão _____ ?

g) _____ estamos?

h) Este é o hospital _____ você nasceu.

ACENTUAÇÃO GRÁFICA
infinitivo + pronome oblíquo
➢ Vou chamar **minha amiga**.
➢ Vou cham**á-la**.

3. Por que o verbo recebeu acento na segunda frase?

Lembre que:

As oxítonas terminadas em **a, e, o, em** são acentuadas.

4. Substitua as palavras destacadas pelos pronomes oblíquos adequados e acentue as formas verbais quando for necessário.

a) Vamos cumprimentar **os amigos**.

b) Precisamos devolver **as chaves**.

c) Não quero aborrecer **os vizinhos**.

d) Contei a piada para divertir **o amigo**.

e) Vou repartir **o lucro** com você.

f) Preciso explicar **o problema** melhor.

PRÁTICA DE PRODUÇÃO DE TEXTO

Estamos sempre aprendendo, mas não é só na escola, não. Todos os dias, nas mais variadas situações, algo acontece e, de repente, mais uma coisa aprendida.

Pois, então, lembre-se de um fato, de uma situação marcante ou de um acontecimento engraçado que tenha feito você aprender uma lição e relate-o a seguir.

Depois, leia para os seus colegas.

15. Verbos defectivos/verbos abundantes

> Verbos **defectivos** são aqueles que não têm a conjugação completa: **chover, adequar, precaver, colorir, abolir, falir** etc.

> Verbos **abundantes** são aqueles que têm duas ou mais formas equivalentes, geralmente o particípio:
> **pagado / pago**
> **aceito / aceitado**
> **imprimido / impresso**

ter ou **haver** + **particípio regular (longo)** = **tenho juntado / havia juntado**

ser ou **estar** + **particípio irregular (curto)** = **foi junto / estava junto**

1. Complete adequadamente com o particípio regular ou irregular.

a) **Tenho** (*expressar*) minhas ideias pela imprensa.

b) O salário deste mês já **está** (*pagar*).

c) Alguns **estão** (*isentar*) do Imposto de Renda.

d) A polícia tem (*prender*) muitos ladrões.

e) O convite foi (*aceitar*) por todos.

f) O diretor havia (*suspender*) vários alunos.

g) A imprudência no trânsito tem (*matar*) muita gente.

h) Muita gente tem sido (*matar*) no trânsito por imprudência.

i) Os jogos do fim de semana foram (*suspender*).

j) Toda observação boa será (*aceitar*).

2. Crie uma frase com cada um dos particípios.

a) suspenso

b) dito

c) colhido

d) aceito

3. Crie uma frase com a forma verbal **choveram** em sentido figurado.

4. Invente frases com os verbos que indicam sons que os animais emitem: **mugir, grunhir, zurrar**.

ORTOGRAFIA – VAMOS ESCREVER CERTO?

Crase é a fusão da preposição **a** com o artigo feminino **a**.

André ainda não ia **a** + **a** escola.
    preposição   artigo

André ainda não ia **para** + **a** escola.
         preposição   artigo

André ainda não ia **à** escola.
         preposição + artigo

1. Agora, continue usando o sinal da crase quando necessário.

a) Viajavam a pé.

b) Dirigiram-se a feira.

c) Eu me referi a lição da página seguinte.

d) Compareceram as aulas.

e) Ele não compra a prazo; só paga a vista.

2. Use a crase nas locuções adverbiais das frases.

> Geralmente são craseadas as **locuções adverbiais** ou expressões adverbiais formadas de palavras femininas: **às** escondidas, **à** noite, **às** claras etc.

a) As máquinas da gráfica funcionam a toda.

b) Um mundo as vezes assustador.

c) Saíram as pressas.

d) Vivia as gargalhadas, rindo de tudo e de todos.

e) As ocultas, foram chegando de mansinho.

f) A vida corria as mil maravilhas.

g) As crianças comeram doces a vontade.

3. Escreva na cruzadinha o que se pede de cada frase.

1. **Adjetivo**: As paisagens eram mesmo fascinantes!
2. **Adjetivo**: Não faça pergunta ingênua.
3. **Adjunto adnominal**: Motorista inexperiente pode bater.
4. Se eu existisse, se tu existisses, se ele...
5. **Objeto direto**: Este desenho não tem expressão.
6. **Diminutivo**: Falei com André.
7. **Núcleo do sujeito**: A surpresa foi grande.
8. **Núcleo do predicado**: Meu irmão nasceu em Pernambuco.
9. **Núcleo do predicado**: A falta de fantasia resseca a alma.
10. **Núcleo do objeto direto**: A garota enrolava a mecha do cabelo.

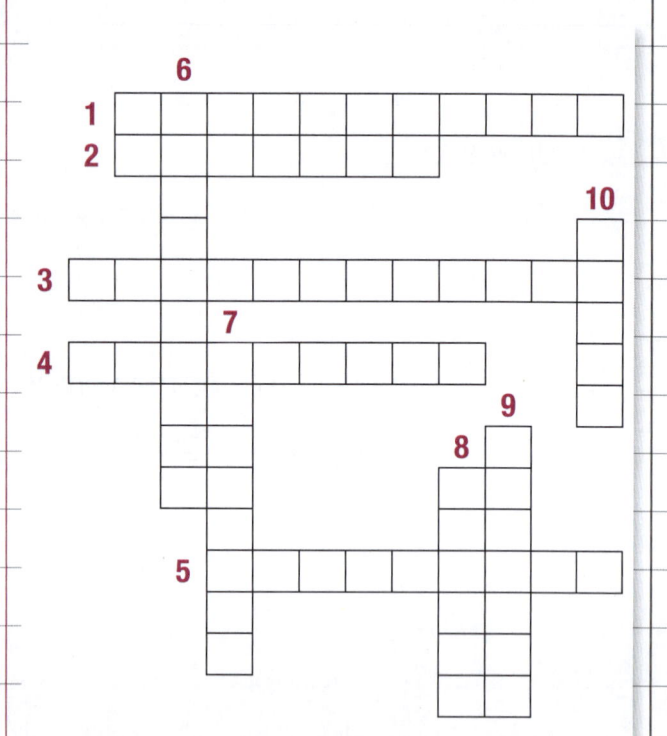

116

- Leia a tirinha.

SAM & SILO

Quadrinho 1: SABE DE UMA COISA? / O QUÊ?
Quadrinho 2: ESTE LUGAR É MUITO CARO PRA MIM. / TEM RAZÃO.
Quadrinho 3: ESPERE! ESTAMOS SALVOS! VEJA O QUE DIZ AQUI EMBAIXO...
Quadrinho 4: "ATÉ 24 MESES PARA PAGAR, COM UMA TAXA DE JUROS DE APENAS 5%."

Jerry Dumas

USO DO QUÊ

O **quê** acentuado pode ser empregado:
- Como substantivo e, nesse caso, vem acompanhado de artigo.
  Ela tem um **quê** de misterioso.
  ↓
  = algo, alguma coisa
- Como interjeição de admiração, espanto, desaprovação.
  Quê! Não me diga uma coisa dessa!
- Em final de frase, recebendo acento.
  Ela falou não sei o **quê**.

4. Preencha os espaços com **porque, por que, quê, porquê, porquês**.

a) _____ não chegou a tempo? Ah, já sei! Foi _____ você perdeu o ônibus.

b) _____! Você por aqui a estas horas? _____ não vai para casa?

c) Você saberia dizer _____ se desrespeita o trânsito?

d) Existe um _____ para não se respeitarem as leis?

e) As crianças procuram os _____ do que não entendem.

f) Venderam os móveis, não sei _____.

g) Querem comprar uma casa sem ter com _____.

Atenção:

Uma das maneiras de se formar o diminutivo é usando os sufixos **-inho** e **-zinho**.

Quando a palavra já tem **s**, acrescenta-se **-inho**.

117

5. Passe para o diminutivo, como no modelo.

> mesa   mes**inha**

a) Luís

b) Teresa

c) francesa

d) princesa

e) adeus

f) chinês

> André   Andrez**inho**

g) café

h) só

i) chá

j) mão

k) pastel

l) flor

VOCÊ OBSERVOU?
No diminutivo, a palavra que era acentuada perde o acento:
Luisinho, chinesinho, Andrezinho, sozinho, cafezinho.

PRÁTICA DE PRODUÇÃO DE TEXTO

Leia o texto e crie outros diálogos. Use a pontuação própria dos diálogos, ou seja: dois-pontos (:), travessão (–), ponto de exclamação (!), ponto de interrogação (?), reticências (...).

PRÓCLISE E ÊNCLISE

Márcio estava contando como fora sua viagem pela Transamazônica. No meio da narração ele falou:

– Aí, meu carro atolou-se.

Como estava em dúvida se o certo era "atolou-se" ou "se atolou", perguntou ao Eduardo qual era o certo.

Eduardo respondeu:

– Se os pneus que se atolaram foram os da frente, o certo é "atolou-se". Se foram os de trás, você deve dizer "se atolou". Quais foram os pneus que se atolaram?

– Foram os quatro...

– Nesse caso – ensinou Eduardo –, o certo é você dizer "o meu carro se atolou-se".

16. Concordância nominal

Os adjetivos, os numerais, os artigos e os pronomes flexionam-se de acordo com o **gênero** e o número dos substantivos a que se referem. A isso damos o nome de **concordância nominal**.

A concordância nominal deve ocorrer nas seguintes situações.

I. artigo + substantivo:

<u>o</u> menin<u>o</u>   <u>os</u> menin<u>os</u>
<u>a</u> menin<u>a</u>   <u>as</u> menin<u>as</u>

II. pronome + substantivo:
Interroguei <u>as</u> alun<u>as</u>.   Interroguei-<u>as</u>.
Interroguei <u>o</u> alun<u>o</u>.   Interroguei-<u>o</u>.

III. adjetivo + substantivo:
<u>o</u> amig<u>o</u> aplicad<u>o</u>
<u>as</u> amig<u>as</u> bonit<u>as</u>

IV. predicativo + sujeito:
<u>O</u> <u>mar</u> está calm<u>o</u>.
<u>As</u> <u>praias</u> parecem desert<u>as</u>.

V. numeral + substantivo:
Comprei <u>uma</u> <u>caneta</u>.
Comprei <u>duas</u> <u>maçãs</u>.

I. Concordância do artigo com o substantivo

A escola é foco de onde **a** luz irradia, **a** luz que aclara **os** tempos e **as** nações.

Concluindo
O **artigo** concorda com o **substantivo** em **gênero** e **número**.

---

1. Complete os espaços com **o, a, os, as**.

a) ____ Amazonas recebe muitos afluentes.

b) ____ amazonas eram mulheres guerreiras, segundo uma lenda indígena.

c) ____ grama do jardim cresceu muito com as últimas chuvas.

d) Quero duzent____ gramas de queijo e trezent____ de presunto.

e) Já encontraram ____ cabeça da revolta.

f) ____ cabeça é a sede do pensamento.

g) ____ Rádio Bola na Rede anunciou que o jogo foi cancelado.

h) ____ rádio está quebrado. Vou consertá-lo.

i) ____ que dizia o telegrama?

j) Quanto é ____ grama do ouro?

II. Concordância do pronome com o substantivo

> Abriu as **portas** e fechou-**as** de imediato.
>
> Colheu **pêssegos** e **ameixas** e comeu-**os** em seguida, por estar com fome.
>
> **Concluindo**
> O pronome concorda em gênero e número com o substantivo a que se refere.
>
> Quando houver **mais de um substantivo** de gêneros diferentes, o pronome vai para o masculino plural.

2. Empregue devidamente os pronomes **o, a, os, as**.

a) Decorou a primeira e a segunda parte da lição, porém esqueceu-___ na hora da chamada.

b) Tinha um carro e uma bicicleta. Vendeu-___ ao ser transferido.

c) Quando acabar de ler os livros e as revistas, devolva-___ ao professor.

3. Complete as frases com os pronomes a seguir, flexionando-os corretamente.

> seu – quanto – muito – algum – este

a) ___ pessoas assistiram à cena.

b) ___ aluno é excelente.

c) ___ malas já estão prontas.

d) ___ aluno faltou hoje às aulas?

e) ___ pessoas recebem esse tipo de cuidado?

III. Concordância do adjetivo com o substantivo

> **REGRA A**
> O mar é **belo** e as praias, **convidativas**.
>
> **Concluindo**
> O adjetivo concorda em gênero e número com o substantivo a que se refere.

4. Flexione o adjetivo de acordo com o substantivo a que se refere.

a) As verde___ palmeiras e a dens___ vegetação cobrem a faixa litorâne___.

b) Enquanto caem as árvores verde___ e vibrante___, os arbustos espinhent___ e acinzentad___ avançam.

c) A fauna sofreu grande___ impactos.

d) A tarde é da mud___ noite a amável precursora.

e) Uma vontade enérgic___ é uma esperança quase realizad___.

f) Os cardápios preparad___ pela nutricionist___ continham receitas nov___ e saudáveis___.

g) Seu filho tem a cabeça chei___ de preocupações.

h) As funcionárias contratad___ ontem trouxeram ideias criativ___, prátic___ e inovador___.

REGRA B
As laranjas e os mamões **maduros** já foram **colhidos**.
Os mamões e as laranjas **maduras** já foram **colhidas**.

Concluindo
O adjetivo posposto a dois ou mais substantivos de gênero e número diferentes ou vai para o masculino plural ou concorda com o substantivo mais próximo.

5. De acordo com a regra B, complete os adjetivos no masculino plural ou faça-os concordar com o último substantivo.

a) Os cantores e as cantoras premiad___ se apresentam hoje na televisão.
As cantoras e os cantores premiad___ se apresentam hoje na televisão.

b) Acendemos o fogo com folhas e galhos sec___.
Acendemos o fogo com galhos e folhas sec___.

c) Nuvens e ventos ameaçador___ afugentaram a torcida.
Ventos e nuvens ameaçador___ afugentaram a torcida.

d) Fomos recebidos com cuidados e atenção especia___.
Fomos recebidos com atenção e cuidados especia___.

e) Tivemos, neste ano, professoras e professores atencios___.
Tivemos, neste ano, professores e professoras atencios___.

121

f) Ficamos com as mãos e os pés atad___.
Ficamos com os pés e as mãos atad___.

g) Há plantas e animais desconhecid___.
Há animais e plantas desconhecid___.

> **REGRA C**
> **Anotada** a regra e as observações, os alunos podem retirar-se.
> **Concluindo**
> Anteposto a dois ou mais substantivos, o adjetivo normalmente concorda com o mais próximo.

6. Flexione corretamente o adjetivo.

a) Despachad___ as cartas e o telegrama, volte ao escritório.

b) Derrubad___ a macieira e o pessegueiro, podem queimar-lhes os galhos.

c) Arrumad___ o armário e a cama, dirigi-me ao serviço.

d) Determinad___ a data e o local, o resto será fácil.

e) Ótim___ planos e ideias teve meu avô.

f) Perdid___ a coragem e o ânimo, nada de útil poderemos realizar.

g) Feit___ os treinos e a preparação psicológica, não nos será difícil enfrentar o adversário.

h) Li um livro sobre as misteriosas matas e mares de minha terra.

i) Bonit___ bolsa e sapatos ela usa!

> **REGRA D**
> Admiro **as torcidas** palmeirense e corintiana.
> Admiro **a torcida** palmeirense e **a** corintiana.
> **Concluindo**
> Quando dois adjetivos se referem ao mesmo substantivo precedido de artigo, podemos escolher qualquer uma das formas acima.

7. Observe o modelo e faça o mesmo.

> Estudo / língua portuguesa / inglesa.
> Estudo **as línguas** portuguesa e inglesa.
> Estudo **a língua** portuguesa e **a** inglesa.

a) Falo / língua portuguesa / espanhola.

b) Completei / curso médio / superior.

c) Aprecio / literatura inglesa / alemã.

IV. Concordância do predicativo com o sujeito

REGRA A
O **mar** está **furioso**.
Os mares estão **furiosos**.
Concluindo
O predicativo concorda em gênero e número com o sujeito.

8. Passe as frases para o plural, observando a concordância entre o sujeito e o predicativo. Siga o modelo.

> **O vale** era **verde**.
> **Os vales** eram **verdes**.

a) A fábrica está **fechada**.

b) A rosa é **bonita**.

c) A árvore fica **florida**.

d) O professor parece **preocupado**.

e) A rua está **deserta**.

f) A fazenda é **bonita**.

g) O carro está **lotado**.

h) O livro é **necessário**.

i) O trem é **veloz**.

REGRA B
A cobra e o jacaré são **perigosos**.
Concluindo
Quando o sujeito é composto de substantivos de gêneros diferentes, o predicativo vai para o masculino plural.

9. Passe as frases para o plural, observando a concordância. Veja o modelo.

rio / lagoa / estar limpo
O rio e a lagoa estão limpos.

a) tempestade / vento / ser destruidor

b) vale / serra / estar coberto de névoa

c) aluno / aluna / continuar atento

d) filha / filho / ser amoroso

e) pai / mãe / ser severo

f) irmão / irmã / ser educado

REGRA C
Vossa Excelência está convidad**o**.
Vossa Excelência está convidad**a**.

Concluindo
O predicativo concorda com o sexo da pessoa a quem nos dirigimos, quando o sujeito for um pronome de tratamento.

10. Siga o modelo e faça o que se pede.

Vossa Majestade / ser generoso
(homem) Vossa Majestade é gener**o**s**o**.
(mulher) Vossa Majestade é gener**o**s**a**.

a) Vossa Excelência / ser honesto
   (homem)
   (mulher)

b) Sua Alteza / estar acamado.
   (homem)
   (mulher)

d) É bo a hora para o governo realizar o projeto.

e) São necessári muitos pontos para vencer.

f) É proibid jogar bola neste local.

REGRA D
É necessári<u>o</u> prudência.
É necessári<u>a</u> <u>a</u> prudência.
É proibid<u>o</u> entrada de pessoas estranhas.
É proibid<u>a</u> <u>a</u> entrada de pessoas estranhas.

Concluindo
As expressões **é necessário, é bom, é proibido** permanecem invariáveis quando não houver artigo determinando o sujeito.

11. Complete as expressões das frases.

a) É necessári muita força de vontade para vencer.

b) É proibid a venda de ingressos na fila.

c) É necessári a sua simpatia para lidar com o público.

V. Concordância do numeral com o substantivo

REGRA A
1) A família foi convidada para a **primeira** e **segunda** reunião.
   ↓   ↓
   artigo   substantivo no singular

   A família foi convidada para a **primeira** e **segunda** reuniões.
   ↓   ↓
   artigo   substantivo no plural

2) A família foi convidada para a **primeira** e a **segunda** reunião.
   ↓   ↓   ↓
   artigo   artigo   substantivo no singular

No exemplo 1, o artigo foi colocado antes do numeral "primeira" e **não foi colocado** antes do numeral "segunda". Nesse caso, o substantivo pode ficar no **singular** ou no **plural**.

No exemplo 2, o artigo foi colocado antes do numeral "primeira" **e também foi colocado** antes do numeral "segunda". Nesse caso, o substantivo deve ficar no **singular**.

Concluindo

Quando o artigo aparece antes do primeiro elemento que antecede o substantivo (veja numerais destacados nas frases), o substantivo pode ficar no singular ou pode ir para o plural.

Quando o artigo aparece antes do primeiro e também do segundo elemento que antecedem o substantivo (veja numerais destacados nas frases), o substantivo não vai para o plural.

12. Observe o uso do artigo e coloque o substantivo entre parênteses no singular ou no plural.

a) As crianças foram chamadas para a terceira e a quarta _____ (etapa/etapas) da prova.

b) Os candidatos foram convocados para a primeira e segunda _____ (chamada/chamadas) do concurso.

c) Reserve a primeira e segunda _____ (fileira/fileiras) para os atletas chineses.

d) O jornal deu mais destaque para o terceiro e o quarto _____ (lugar/lugares) da competição do que para o primeiro e segundo _____ (lugar/lugares).

e) Os alunos do oitavo e nono _____ (ano/anos) fizeram o trabalho com dedicação.

REGRA B

1) Os parágrafos primeiro e segundo não estão claros.
2) Os parágrafos primeiro, segundo e terceiro não estão claros.

Concluindo

O substantivo deve ficar **no plural** quando dois ou mais numerais aparecerem depois dele, determinando-o.

13. Complete as frases, colocando o substantivo entre parênteses no singular ou no plural.

a) Não concordo com a primeira e a terceira _____ (observação/observações) da ata.

b) _____ (A cláusula/As cláusulas) sétima e oitava do contrato não me favorecem.

c) _____ (A cláusula/As cláusulas) sétima, oitava e nona do contrato não me favorecem.

d) Prefiro ler primeiro o quinto e sexto _____ (volume/volumes).

e) _____ (O item/Os itens) segundo e terceiro do documento estão claros, mas não posso dizer o mesmo do primeiro e do quarto _____ (item/itens).

ORTOGRAFIA – VAMOS ESCREVER CERTO?

1. Preencha as lacunas escrevendo o verbo, o adjetivo ou o substantivo correspondente às palavras dadas. Veja o modelo.

> **verbo:** oprimir
> **adjetivo:** oprimido
> **substantivo:** opressão

a) **verbo:** decidir
   adjetivo:
   substantivo:

b) **verbo:**
   adjetivo: perdido
   substantivo: perdição

c) **verbo:** angustiar
   adjetivo:
   substantivo:

d) **verbo:** imprimir
   adjetivo:
   substantivo:

e) **verbo:** questionar
   adjetivo:
   substantivo:

f) **verbo:** marcar
   adjetivo:
   substantivo:

LEMBRE-SE!

➢ **Por quê** deve ser escrito separadamente e com acento circunflexo quando aparecer isolado ou no final de uma frase.
Estou feliz sem saber **por quê**.
Ela não veio **por quê**?
Não sei **por quê**, me deu vontade de chorar.
↓
A vírgula é considerada como final de frase

➢ Essa regra de acentuação também vale para o **quê**.
Jorge queixa-se não sei de **quê**.
Trabalha sem saber para **quê**.

➢ Acentuam-se ainda o **quê** e o **porquê** quando forem palavras substantivadas.
Ela tem um **quê** de misterioso no olhar.
Você sabe o **porquê** de tanta alegria?

2. Acentue o **que** e o **por que** quando necessário.

a) Você estava falando de que?

b) Por que você me chamou?

c) Você me chamou por que?

d) Para que serve esse instrumento?

e) Esse instrumento serve para que?

f) Existe sempre um que de ironia em suas palavras.

g) Tinha um que de meigo em seu sorriso.

h) Estou aqui sem saber por que.

i) Nem sei por que ele agiu de tal forma.

j) Eu não sei o porquê de tanta confusão.

k) Ninguém sabia o porquê de sua renúncia.

l) Por que você não foi à escola?

3. Use o acento grave para indicar crase quando necessário.

a) Não digas nada a ninguém.

b) Todos compareceram a reunião.

c) Atribuímos o fracasso a falta de empenho.

d) Demos início a contagem dos votos.

e) O ônibus chegou a estação as seis horas.

f) Voltavam de uma excursão a cidade de Caxias.

g) Escrevam a lápis.

h) Hoje ele pinta quadros a óleo.

i) Fomos a pé e voltamos a cavalo.

j) Não costumo ir a bailes nem a cinemas.

k) Compro a vista e vendo a prazo.

l) Usava calçados a Luís XV.

m) Não dê ouvidos a pessoas estranhas.

n) Tenho uma blusa igual a sua.

o) Pedi informações a várias pessoas.

p) Nos próximos dias irei a Curitiba.

q) Vou a Bahia de avião.

r) Fiz um passeio a antiga casa de meus avós.

s) Precisamos ir a Casa Vermelha para comprar sementes.

t) Ficaram frente a frente discutindo o assunto.

u) Não se referiu a mim e sim a Vossa Excelência.

v) Peço as senhoras que me acompanhem.

w) A casa pode ruir a qualquer momento.

4. Reescreva as palavras e assinale aquelas em que o **x** não tem o som de **z**.

( ) exibir
( ) exigente
( ) exilar
( ) tóxico
( ) exercício
( ) exagerado
( ) êxodo
( ) excesso
( ) exército
( ) exaltar
( ) exame

PRÁTICA DE PRODUÇÃO DE TEXTO

Baseie-se no fragmento a seguir e crie um texto que apresente um mundo oposto ao descrito pelo autor.

> (...) a gente vive num mundo anormal, sádico, doente, sanguinário, onde a regra é a falta de regras (...)
> Acrescente a tudo isso a poluição atmosférica, a poluição sonora, a poluição moral, a degradação dos costumes, a falência dos serviços públicos, o colapso do trânsito, a morte da urbanidade, da cordialidade, da solidariedade humanas. (...)
>
> Luís Martins. *Ciranda dos ventos*.
> São Paulo: Moderna, s.d.

Como seria um mundo ideal? Descreva-o. Quem viveria nele? Como seriam as pessoas?

17. Concordância verbal

Caulos. *Jornal do Brasil*. Rio de Janeiro, 1978.

1. Por que a forma verbal **tem** não está acentuada no primeiro e no quarto quadrinhos, mas está no segundo?

2. Que forma verbal está subentendida no terceiro quadrinho?

3. No quinto quadrinho, com que palavra está concordando a forma verbal **sou**?

4. Se fossem dois ou três sabiás "falando", como ficaria a frase no plural?

5. Faça o verbo concordar com o sujeito em número e pessoa no pretérito perfeito do indicativo. Siga o modelo.

> Eu **pesquisei** as profundezas do mar.

a) Tu _____ as profundezas do mar.

b) Ele _____ as profundezas do mar.

c) Nós _____ as profundezas do mar.

d) Vós _____ as profundezas do mar.

e) Eles _____ as profundezas do mar.

REGRA A

Eu **via** o pôr do sol.
↓ ↓
singular

Nós **víamos** o pôr do sol.
↓ ↓
plural

➢ O verbo concorda com o sujeito simples em número e pessoa.

REGRA B

 verbo no plural
 ↑
O frio e o cansaço me **deixaram** sonolento.
↓
sujeito composto
(antes do verbo)

➢ O verbo vai para a 3ª pessoa do plural quando o sujeito é composto (3ª pessoa + 3ª pessoa) e anteposto ao verbo.

6. Faça como no modelo.

> sabiá – canário – cantar – pela manhã
> (*pres. ind.*)
> **O sabiá e o canário cantam pela manhã.**

a) rato – barata – transmitir – doenças (*pret. perf. ind.*)

b) leão – tigre – ser – animais ferozes (*pres. ind.*)

c) vento – chuvas fortes – destruir – casas (*pret. perf. ind.*)

d) pinheiro – peroba – resistir – tempestades (*fut. pres. ind.*)

e) água – eletricidade – movimentar – moinhos (*fut. pret. ind.*)

f) preguiça – necessidade – andar de mãos dadas (*pres. ind.*)

REGRA C
Então **falaram** o aluno e a aluna.
       ↓   ↓
verbo no plural   sujeito composto
                      (depois do verbo)

ou

Então **falou** o aluno e a aluna.
      ↓   ↓
verbo no singular   sujeito composto
                       (depois do verbo)

➢ Se o sujeito composto é **posposto** ao verbo, este irá para o plural ou concordará com o substantivo mais próximo.

7. Faça como no modelo.

> parar – táxi – ônibus
> **Pararam o táxi e o ônibus.**
> **Parou o táxi e o ônibus.**

a) sair – mãe – filha

b) apresentar-se – cantor – cantora

c) aqui – reinar – paz – felicidade

d) morrer – piloto – um tripulante

REGRA D

Eu e tu **sairemos** de manhã.
Eu, tu e ele **sairemos** de manhã.
Tu e ele **saireis** de manhã.
Você e ele **sairão** de manhã.

➢ Quando o sujeito for composto e de pessoas diferentes, o verbo vai para o plural de acordo com a pessoa mais importante:
 • a 1ª pessoa é mais importante que a 2ª e a 3ª;
 • a 2ª pessoa é mais importante que a 3ª.

8. Faça como no modelo, empregando os verbos no presente do indicativo, de acordo com as pessoas verbais.

eu – ele – saber – lições
Eu e ele sabemos as lições.

a) eu – ela – conversar – muito

b) eu – tu – achar – este livro – barato

c) tu – ela – plantar – flores

d) eu – tu – ele – sair – cedo

e) ela – ele – nunca – brigar

f) você – eu – ser – amigos

g) ela – tu – trabalhar – arduamente

h) tu – eles – ser – da mesma origem

REGRA E

Há meses que não o vejo.
Havia anos que este fenômeno não ocorria.
Faz horas que o trem partiu.
Residia na fazenda **fazia** anos.

➢ O verbo **haver**, no sentido de **existir**, ou referindo-se a tempo, é **impessoal**, não admite sujeito. O mesmo sucede com o verbo **fazer**, referindo-se a tempo. Nesses casos, os verbos **haver** e **fazer** ficam na 3ª pessoa do singular.

9. Faça como no modelo: empregue os verbos no presente e no pretérito imperfeito do indicativo.

haver – milhares de peixes na rede
Há milhares de peixes na rede.
Havia milhares de peixes na rede.

a) fazer anos – ele não aparecer

b) haver duas horas – eu estar esperando

c) ele trabalhar na empresa – haver cinco anos

d) só haver um meio – ele desistir da ideia.

e) haver flores – no vaso

REGRA F

Rui **ou** Mário **será** o vencedor.
O ontem **ou** o hoje nos **trarão** saudades.

➢ Se o **ou** indicar exclusão, o verbo concorda com o núcleo do sujeito mais próximo. Se o verbo se referir a todos os núcleos do sujeito, irá para o plural.

10. De acordo com a regra F, empregue os verbos no futuro do presente, na forma singular ou plural. Siga o modelo.

Brasil ou Japão – ser campeão mundial
O Brasil ou o Japão será campeão mundial.

a) este remédio ou aquele – fazer efeito

b) Viviane ou Patrícia – ser eleita secretária

c) a Williams ou a MacLaren – vencer a corrida

d) Um grito ou uma gargalhada forte – acordar o bebê

REGRA G
A classe **levantou-se** quando o diretor apareceu.

➢ O sujeito coletivo (singular) pede o verbo no singular.

11. Faça como no modelo: empregue os verbos no pretérito perfeito do indicativo.

assembleia – aprovar – projeto
A assembleia aprovou o projeto.

a) quadrilha – assaltar – banco

b) caravana – seguir – em frente

c) banca – aprovar – candidato

REGRA H
Um bando de papagaios **sobrevoou** a floresta.
(**Sobrevoou** concorda com **bando**.)
Um bando de papagaios **sobrevoaram** a floresta.
(**Sobrevoaram** concorda com **papagaios**.)

➢ Se o sujeito coletivo for seguido de substantivo no plural, o verbo poderá ficar no singular ou ir para o plural.

12. Empregue os verbos no pretérito imperfeito do indicativo, escolhendo a forma singular ou plural.

a) rebanho de ovelhas – pastar na imensa campina

b) bando de patos – voar em direção ao sul

c) nuvem de gafanhotos – atacar a plantação

d) elenco de artistas conhecidos – apresentar-se naquela noite.

e) ramalhete de flores – enfeitar a mesa

> **REGRA I**
> Médicos, remédios, mudança de clima, nada **pôde** curá-lo.
>
> ➢ Quando a palavra **nada** vier no fim de uma enumeração, resumindo-a, o verbo fica no singular. O mesmo acontece com as palavras **tudo**, **ninguém** etc.

13. Empregue os verbos no pretérito perfeito do indicativo.

a) Pai, mãe, parentes, amigos, **ninguém** _____ fazê-lo voltar. (*conseguir*)

b) A iluminação, os enfeites, a música, **tudo** _____ para o brilho da festa. (*contribuir*)

c) A brisa, o perfume das flores, a paisagem, os pássaros, o sol, **tudo** _____ para que tivéssemos um excelente passeio. (*ajudar*)

d) Lucros, fortuna, festas, alegrias ruidosas, promessas fabulosas, **nada** lhe _____ naquele momento. (*interessar*)

e) Admoestações, avisos, conselhos, **tudo** _____ em vão. (*ser*)

REGRA J
Já **deram** onze horas?
Soaram sete horas.
Soou apenas uma badalada.
Bateu uma hora.

➤ Os verbos **bater**, **soar** e **dar** concordam com o sujeito, que pode ser **hora(s)** (claro ou oculto/desinencial), **badaladas**, **relógio**.

14. Empregue corretamente os verbos **dar**, **bater**, **soar** no pretérito perfeito do indicativo.

a) Já _____ três horas. (*dar*)

b) O relógio _____ duas horas da manhã. (*bater*)

c) _____ cinco ou seis horas? (*soar*)

d) _____ duas horas ou uma hora e quinze? (*soar*)

REGRA K
Fui eu **que fechei** a porta.
Fui eu **quem fechou** a porta.

➤ Com o pronome **que**, o verbo concorda com o sujeito da oração principal: **eu** que fechei (...).

➤ Com o pronome **quem**, o verbo vai para a 3ª pessoa: **eu** quem fechou (...).

15. Faça as duas concordâncias no pretérito perfeito do indicativo. Siga o modelo.

> esta música – eu – compor
> **Esta música, fui eu que a compus.**
> **Esta música, fui eu quem a compôs.**

a) este vaso – tu – quebrar

b) esta ideia – nós – ter

c) este livro – vós – escrever

REGRA L
Na infância tudo **são** alegrias.

➤ Quando o sujeito for **tudo**, **isto**, **isso** ou **aquilo**, o verbo **ser** concorda com o predicativo.

16. Complete as frases, empregando o verbo **ser** no tempo verbal indicado entre parênteses.

a) Isso _____ os ossos do ofício.
(*presente do ind.*)

b) Na vida, **tudo** _____ ilusões.
(*presente do ind.*)

c) Isto _____ intriga da oposição.
(*presente do ind.*)

d) Aquilo _____ suficiente para incomodá-lo.
(*pret. perf. do ind.*)

REGRA M
A comida **eram** uns pedaços de pão velho.

➢ Quando o sujeito for um **nome singular** e o predicativo estiver no plural, o verbo **ser** vai para o plural, concordando com o predicativo.

17. Empregue devidamente o verbo **ser** no presente do indicativo.

a) A felicidade _____ os momentos alegres da vida.

b) Nós _____ distraídos.

c) O Brasil _____ vocês todos.

d) O futuro _____ as profissões ligadas à tecnologia.

e) A escola _____ os ensinamentos e sobretudo a educação que nela recebemos.

18. Justifique a concordância verbal.

a) **Havia** pessoas brincando na praia.

b) Várias pessoas **haviam** visto o papagaio.

c) **Faz** dias que não sonho.

d) Os índios **fazem** belíssimos artesanatos.

e) Um bando de andorinhas **cruza-ram** o céu.

f) **Passou** o golfinho e o peixe de asas em grande velocidade.

19. Encaixe a expressão **é que** nas frases abaixo. Veja o modelo.

> Eu fui escolhido.
> Eu **é que** fui escolhido!

a) Eu mando aqui.

b) Nós dissemos a verdade.

c) Eles são inteligentes.

d) Nós ganhamos o jogo.

ORTOGRAFIA – VAMOS ESCREVER CERTO?

1. Escreva na cruzadinha o que se pede.

1. Ela trouxe um feixe de lenha. (núcleo do objeto direto)
2. A experiência conta muito na profissão. (núcleo do sujeito)
3. As gravuras estavam fixas na parede. (predicativo do sujeito)
4. O chefe tem suas exigências. (núcleo do objeto direto)
5. Os jovens têm necessidade de exemplos. (complemento nominal)
6. O mexeriqueiro exagera nas fofocas. (núcleo do predicado)
7. Tivemos êxito nos exames. (objeto direto)
8. Chegou na hora exata. (adjunto adnominal)

> Observe a pronúncia do **x** nas palavras destacadas.
>
> Eu pedi **auxílio** à secretária.
>
> A corrida não **exigiu** muito esforço.
>
> O salário é **baixo**.
>
> **Fixei** os olhos no quadro e emocionei-me.
>
> Você pode perceber que o **x** pode ser pronunciado de quatro maneiras.

2. Leia as palavras a seguir em voz alta e copie-as.

x = s

a) próximo

b) máximo

c) trouxe

d) aproximação

e) auxiliar

x = z

f) exato

g) executar

h) exercer

i) exigir

j) exibição

x = ch

k) embaixo

l) faxina

m) vexame

n) bexiga

o) mexerica

x = cs

p) complexo

q) reflexão

r) tóxico

s) anexo

t) fixo

3. Dê outros exemplos de palavras em que o **x** tem o mesmo som apresentado na palavra e**x**ploração.

a)

b)

c)

d)

e)

4. Escreva os substantivos correspondentes aos verbos.

confe**cc**ionar   confe**cç**ão

a) infeccionar

b) friccionar

c) convencer

d) sugar

e) cozer

f) seccionar (ou secionar)

PRÁTICA DE PRODUÇÃO DE TEXTO

Na página 131, você leu uma história em quadrinhos que tem como tema um problema ambiental: o desmatamento. Escreva um texto que trate de um problema brasileiro atual que, em sua opinião, precisa ser solucionado prioritariamente.

ANOTAÇÕES

18. Estrutura das palavras

> **Radical** é a parte invariável de uma palavra, ou seja, é a parte comum a diversas palavras da mesma família.
>
> **terr**a – a**terr**o – **térr**eo – en**terr**ar

> **Prefixos** são elementos que se antepõem ao radical para formar novas palavras.
>
> feliz – **in**feliz
> ver – **re**ver
> leal – **des**leal

> **Sufixos** são elementos que se pospõem ao radical para formar novas palavras.
>
> rico – ric**aço**
> lugar – lugar**ejo**

> **Vogal temática** é a que indica a conjugação a que pertencem os verbos.
>
> arrast**a**r
> faz**e**r
> abr**i**r

> **Desinência** é a terminação das palavras. Pela desinência, descobrimos o **gênero**, o **número** e a **pessoa** verbal das palavras.
>
> menin**o** – masculino singular
> menin**a** – feminino singular
> menin**os** – masculino plural
> menin**as** – feminino plural
> ama**mos** – 1ª pessoa do plural

> **Vogal e consoante de ligação**
>
> Para facilitar a pronúncia e também por motivos de eufonia (bom som), introduzimos uma vogal ou uma consoante entre os elementos que formam certas palavras. São a **vogal** e a **consoante de ligação**.
>
> café + cultura → cafe**i**cultura
> gás + metro → gas**ô**metro
> pau + ada → paulada

1. Sublinhe os radicais das seguintes famílias de palavras.

a) cruz
   cruzeiro
   cruzada
   cruzamento
   encruzilhada
   cruzar

b) dente
   dentição
   dentista
   dentadura
   desdentado
   dentuço

País quer reduzir emigração diminuindo desemprego

2. Que prefixo está indicando falta de emprego no país?

3. "País quer reduzir emigração". Se o país quisesse reduzir a **entrada** de pessoas, que palavra usaria?

4. Forme novas palavras empregando os prefixos do quadro.

ante-	co-	i-	multi-
bi-	con-	in-	sub-
bis-	des-	infra-	trans-
circum-	extra-	intra-	vice-

a) campeão

b) pôr

c) avô

d) navegação

e) fazer

f) ordinário

g) autor

h) legível

i) felicidade

j) nacional

k) estrutura

l) muscular

m) diretor

n) Atlântico

o) alimentado

p) cidadão

5. Forme palavras usando os sufixos do quadro, fazendo as adaptações necessárias. Veja o modelo.

cruel **crueldade** / rico **ricaço**

-eza	-udo	-ista	-dade	-mento
-ense	-ança	-oso	-ura	-aço

a) real

b) barba

c) rico

d) lembrar

e) doce

f) pensar

g) Paraná

h) veneno

i) cansar

145

6. Associe os prefixos às ideias que eles transmitem.

I. movimento para a frente
II. movimento para trás
III. movimento para além de
IV. oposição
V. movimento para fora
VI. movimento para dentro
VII. em grau superior

( ) **re**gresso
( ) **pro**gresso
( ) **contra**dizer
( ) **ex**portar
( ) **ultra**passar
( ) **arqui**-inimigo
( ) **intro**duzir

7. Ligue os sufixos às ideias que eles transmitem.

tempor**ada** ■   ■ pequen**ez**
cão**zinho** ■   ■ profi**ssão**
barb**eiro** ■   ■ duração prolongada
pian**ista** ■   ■ abundância
sergip**ano** ■   ■ praticante de uma atividade
barb**udo** ■   ■ origem

8. Observe o modelo e indique os elementos que compõem a forma verbal.

I – cantavas

cant	a	va	s
r	v	s	d

a) radical (responsável pelo sentido básico da palavra) **r**
b) vogal temática (indica 1ª conjugação) **v**
c) sufixo (indica tempo pretérito imperfeito e modo indicativo) **s**
d) desinência (indica 2ª pessoa do singular) **d**

II – cantávamos

cant	á	va	mos

a)

b)

c)

d)

9. Observe as palavras: pedra, pedreiro, pedreira, pedroso, pedraria, pedregulho, pedrisco, empedrado, apedrejar, pedrada...

a) Na lista acima, qual é a palavra primitiva?

b) E as outras palavras, como se chamam?

c) Qual é o elemento invariável, comum a todas elas?

d) Como se chama o elemento invariável, comum a todas as palavras de uma mesma família?

10. Sublinhe o radical destas palavras cognatas.

> **Palavras cognatas** são palavras que possuem a mesma origem, o mesmo radical.

a) escola, escolar, escolaridade, escolarizar, escolarização, escolástico, escolinha...

b) frio, friorento, friagem, esfriar, frialdade, resfriar, resfriado, fria...

c) marca, marcador, marcar, desmarcar, remarcar, desmarcado, remarcação...

PROCESSOS DE FORMAÇÃO DE PALAVRAS COMPOSTAS

Há dois processos de formação de palavras: a composição e a derivação.

> Na **composição**, temos duas ou mais palavras que se unem para formar uma nova palavra, com novo sentido.
> A composição pode ocorrer por justaposição ou por aglutinação.

a) **Justaposição** – duas ou mais palavras se unem sem qualquer modificação na forma:
pica-pau, televisão, luso-brasileiro, couve-flor.

b) **Aglutinação** – as palavras se fundem com a queda de um ou mais elementos:
aguardente (água + ardente),
planalto (plano + alto).

> Na **derivação**, acrescentam-se prefixos e sufixos a uma palavra para formar outras palavras.
> lugar**ejo** → lugar + **ejo**

ONOMATOPEIA

É um outro processo de formação de palavras. É a representação aproximada – por meio de palavras – dos sons e ruídos da natureza, de objetos e dos sons que os animais emitem.
tique-taque (do relógio)
bi-bi (da buzina)
au-au (voz do cão)

11. Observe o quadro e responda às questões.

GRUPO A
passatempo (passa + tempo)
televisão (tele + visão)
vaivém (vai + vem)
sempre-viva (sempre + viva)
guarda-roupa (guarda + roupa)

GRUPO B
aguardente (água + ardente)
embora (em + boa + hora)
pernalta (perna + alta)
pernilongo (perna + longo)
planalto (plano + alto)

a) Em que grupo as palavras se juntaram sem perda de letras?

b) Como se chama o tipo de formação de palavras do **grupo A**, em que as palavras simplesmente se juntam, sem perda de letras?

c) Em que grupo as palavras se juntam, mas perdem ou mudam as letras?

d) Como se chama o tipo de formação de palavras do **grupo B**?

12. Complete as definições a seguir.

• Quando as palavras se juntam **sem nenhuma modificação**, temos a _____.

• Quando as palavras se juntam e **sofrem modificação**, temos a _____.

13. Escreva nas respostas:

justaposição, se não houve perda de elementos.

aglutinação, se houve modificação dos elementos.

a) fidalgo (filho de algo)

b) arco-íris (arco + íris)

c) automóvel (auto + móvel)

d) monocultura (mono + cultura)

e) girassol (gira + sol)

f) hidrelétrica (hidro + elétrica)

148

g) extraordinário (extra + ordinário)

h) santelmo (santo + Elmo)

14. Escreva no plural.

a) girassol

b) painel

c) carretel

d) pincel

e) caracol

f) lençol

g) coronel

h) anzol

i) rouxinol

j) hotel

15. Sublinhe o prefixo das palavras.

abster   ilegal

adjunto   impermeável

anormal   internacional
antebraço   ingerir
cisplatino   intramuscular
compor   intrometer
conter   justapor
contradizer   opor
decair   percorrer
desfazer   perfurar
desviar   pospor
embarcar   refazer
enterrar   retroceder
entreabrir   sobrepor
escorrer   subdelegado
exportar   superpovoado
extrair   transpor
extraoficial ultrapassar
extraviar   vice-reitor

16. Use os sufixos do quadro para formar palavras no grau diminutivo.

-inha	-ino	-eta	-ola
-inho	-eco	-ote	-acho
-icha	-im	-ejo	-cula
-ucho	-ebre	-ela	-ico

a) lugar

b) barba

c) rua

d) gordo

149

e) rapaz

f) casa

g) velho

h) burro

i) voz

j) sala

k) cão

l) gota

m) pequeno

n) espada

o) rio

p) jornal

ORTOGRAFIA – VAMOS ESCREVER CERTO?

SUFIXO -EZA

Estou **certo** de que venceremos.
Tenho **certeza** da vitória.

certo → adjetivo

certeza → substantivo

1. Escreva substantivos abstratos derivados dos adjetivos.

a) firme

b) leve

c) grande

d) pobre

e) nobre

f) duro

g) belo

h) baixo

i) lerdo

j) esperto

2. A que conclusão você chega a respeito da grafia dos substantivos abstratos derivados de adjetivos terminados em -**e** e -**o**?

análi**s**e → anali**s**ar
↓ ↓
substantivo verbo

Quando o substantivo ou o adjetivo tem **s** no seu radical, o verbo derivado também o terá.

3. Escreva os verbos que derivam dos substantivos e adjetivos a seguir.

a) represa

b) piso

c) aviso

d) peso

e) liso

f) preciso

g) friso

h) abuso

i) pesquisa

j) improviso

PRÁTICA DE PRODUÇÃO DE TEXTO

Crie um texto sobre o tema: **Os prós e os contras do uso da internet.**

ANOTAÇÕES

Apêndice

Textos para interpretação e atividades complementares

ARTE DE SER FELIZ

Houve um tempo em que minha janela se abria sobre uma cidade que parecia feita de giz. Perto da janela havia um pequeno jardim quase seco. Era numa época de estiagem, de terra esfarelada, e o jardim parecia morto. Mas todas as manhãs vinha um pobre homem com um balde, e, em silêncio, ia atirando com a mão umas gotas de água sobre as plantas. Não era uma regra: era uma espécie de aspersão ritual, para que o jardim não morresse. E eu olhava para as plantas, para o homem, para as gotas de água que caíam de seus dedos magros, e meu coração ficava completamente feliz.

Às vezes abro a janela e encontro o jasmineiro em flor. Outras vezes encontro nuvens espessas. Avisto crianças que vão para a escola. Pardais que pulam pelo muro. Gatos que abrem e fecham os olhos, sonhando com pardais. Borboletas brancas, duas a duas, como refletidas no espelho do ar. Marimbondos que sempre me parecem personagens de Lope de Vega. Às vezes, um galo canta. Às vezes, um avião passa. Tudo está certo, no seu lugar, cumprindo o seu destino. E eu me sinto completamente feliz.

Mas, quando falo dessas pequenas felicidades certas, que estão diante de cada janela, uns dizem que essas coisas não existem, outros que só existem diante das minhas janelas, e outros, finalmente, que é preciso aprender a olhar, para poder vê-las assim.

Cecília Meireles. *Escolha o seu sonho*. 3. ed. Rio de Janeiro: Record, 1968.

1. De onde a autora contempla os cenários descritos no texto?

2. Todos pensam como a autora e acreditam que existe felicidade nas pequenas coisas?

3. E você, com qual das opiniões do final do texto você concorda?

4. O que significa "aprender a olhar"?

5. Assinale a alternativa que traz uma das mensagens do texto.

a) ( ) Todas as pessoas são felizes.

b) ( ) A felicidade não existe nas pequenas coisas.

c) ( ) Podemos encontrar a felicidade nas pequenas coisas, e isso só depende de nós.

POR UM FUTURO CHEIO DE VIDA

Sou embaixadora do Unicef no Brasil há mais de dez anos. Um reconhecimento que me enche de orgulho, mas que apenas reitera o compromisso que sempre me levou a trabalhar em defesa de uma nação mais justa, mais solidária, mais livre e mais partícipe na sua cultura.

O Unicef continua a se destacar pela atuação mundial em benefício das crianças menos favorecidas, vítimas de guerra, desastres e extrema pobreza. No Brasil, o Unicef trabalha para que cada criança e cada adolescente tenham garantidos seus direitos de sobreviver e desenvolver-se, aprender, proteger-se da aids, crescer sem violência e ser prioridade absoluta nas políticas públicas. E eu me sinto feliz e honrada por colaborar nessa missão.

O Brasil dos meus sonhos é aquele que garante um futuro aos seus filhos. Este país será viável quando todas as nossas crianças tiverem educação de qualidade, pleno atendimento de saúde, acesso a boas condições ambientais e de saneamento e – sobretudo – proteção contra todas as formas de violência e exploração.

Como cidadã, quero convidar você a acreditar neste sonho. A contribuir para torná-lo realidade, apoiando os muitos movimentos sociais que trabalham pela paz e pela superação das desigualdades. E, em especial, agindo pelas garantias e direitos previstos no Estatuto da Criança e do Adolescente.

Como artista, ofereço a linguagem universal da música como plataforma para a formação de uma consciência mundial capaz de respeitar a vida em todas as suas formas de existência e manifestação, e em todo o planeta. O maior legado que podemos deixar para as próximas gerações.

Como mulher, espero que cada ser humano possa exercer sua maternidade em relação ao futuro, doando ao outro seu respeito, seu conhecimento, sua inspiração e seu afeto.

Vamos cuidar dessa criança que é o presente e o futuro que nos espera – e que espera todas as gerações à frente – e tratá-la com todo o respeito que ela merece. Vamos deixar essa como a nossa marca às futuras gerações – a de um povo que realmente fez a diferença para o planeta.

Conto com você.

Muito obrigada.

Um forte abraço, com muito axé!

Daniela Mercury, embaixadora do Unicef no Brasil.
In: *O Estado de S. Paulo*, 13 maio 2006.

6. Como você entende o título "Por um futuro cheio de vida"?

7. Qual é o Brasil dos sonhos da autora do texto?

8. O que é necessário para que esse sonho se realize?

9. Como cidadã, a autora do texto faz um convite ao leitor. Responda:

a) Que convite é esse?

b) Que tipo de contribuição ela espera das pessoas?

10. Como artista, que contribuição ela traz a essa causa?

11. Do tempo em que o texto foi publicado até o momento, você acha que:

a) As condições necessárias para que o sonho se realizasse foram sendo alcançadas?

b) Em que medida?

QUANDO

Quando você me clica,
quando você me conecta, me liga,
quando entra nos meus programas, nas minhas janelas,
quando você me acende, me printa, me encompassa,
me sublinha, me funde e me tria:

Meus caracteres esvoaçam,
meus parágrafos se acendem,
meus capítulos se reagrupam,
meus títulos se põem maiúsculos,
e meu coração troveja!

Sérgio Caparelli. *33 poemas cibernéticos e 1 fábula virtual*. Porto Alegre: L&PM, 1996.

12. Identifique no poema as palavras do universo da computação e informática.

13. Que outro título você daria para o texto?

14. Pesquise e organize, em ordem alfabética, uma lista de termos próprios do mundo da informática, acompanhados de suas explicações. Para facilitar a tarefa, junte-se a um colega.

COMPETIÇÃO

O mar é belo.
Muito mais belo é ver um barco no mar.

O pássaro é belo.
Muito mais belo é hoje o homem voar.

A Lua é bela.
Muito mais bela é uma viagem lunar.

Belo é o abismo
Muito mais belo o arco da ponte no ar.

A onda é bela.
Muito mais belo é uma mulher nadar.

> Bela é a montanha.
> Mais belo é o túnel para alguém passar.
>
> Bela é uma nuvem.
> Mais belo é vê-la de um último andar.
>
> Belo é o azul.
> Mais belo o que Cézanne soube pintar.
>
> Porém mais belo
> que o de Cézanne, o azul do teu olhar.
>
> O mar é belo.
> Muito mais belo é ver um barco no mar.
>
> Cassiano Ricardo. *Antologia poética*.
> Rio de Janeiro: Ed. do Autor, 1964.

15. Explique o sentido do título "Competição". Quem está competindo com quem?

16. Que adjetivo o poeta repete em todo o poema?

17. Ele usou esse recurso para:

a) (   ) Chamar a atenção para as belezas naturais e as artificiais da criatividade humana.

b) (   ) Destacar os elementos da natureza.

18. Em que grau o adjetivo foi usado para evidenciar positivamente a ação humana e a tecnologia nessa competição de belezas?

19. Quem o poeta destaca: os elementos da natureza ou a ação do ser humano? Explique.

20. E para você, há um ganhador nessa competição? Justifique.

21. Quem foi Cézanne? Pesquise e responda.

PESCADORES

Domingo Pé-de-Cachimbo, todo domingo aquele esquema: praia, bar, soneca, futebol, jantar em restaurante. Acaba em chatura. Os quatro jovens executivos sonhavam com um programa diferente.

– Se a gente desse uma de pescador?
– Falou.

Muniram-se do necessário, desde o caniço até o sanduíche incrementado, e saíram rumo à praia mais deserta, mais piscosa, mais sensacional.

Lá estavam felizes da vida, à espera de peixe. Mas os peixes, talvez por ser domingo, e todos os domingos serem iguais, também tinham variado de programa – e não se deixavam fisgar.

– Tem importância não. Daqui a pouco aparecem. De qualquer modo, estamos curtindo.
– É.

Peixe não vinha. Veio pela estrada, foi a kombi, lentamente. Parou, saltaram uns barbudos:

– Pescando, hem? Beleza de lugar. Fazem muito bem aproveitando a folga num programa legal. Saúde. Esporte. Alegria.

– Estamos só arejando a cuca, né? Semana inteira no escritório, lidando com problemas.

– Ótimo. Assim é que todos deviam fazer. Trocar a poluição pela natureza, a vida ao ar livre. Somos da televisão, estamos filmando aspectos do domingo carioca. Podem colaborar?

– Que programa é esse?

– "Aprenda a viver no Rio". Programa novo, cheio de bossas. Vai ser lançado semana que vem. Gostaríamos que vocês fossem filmados como exemplo do que se pode curtir num dia de lazer, em benefício do corpo e da mente.

– Pois não. O grilo é que não pescamos nada ainda.

– Não seja por isso. Tem peixe na kombi, que a gente comprou para uma caldeirada logo mais.

Desceram os aparelhos e os peixes, e tudo foi feito com técnica e verossimilhança, na manhã cristalina. Os quatro retiravam do mar, em ritual de pescadores experientes, os peixes já pescados. O pessoal da TV ficou radiante.

– Um barato. Vocês estavam ótimos.
– Quando é que passa o programa?
– Quinta-feira, horário nobre. Já está sendo anunciado.

Quinta-feira, os quatro e suas jovens mulheres e seus encantadores filhos reuniram-se no apartamento de um deles – o que tivera a ideia da pescaria.

– Vocês vão ver os maiores pescadores da paróquia em plena ação.

O programa, badaladíssimo, começou. Eram cenas do despertar e da manhã carioca, trens superlotados da Linha Auxiliar, filas no elevador, escritórios em atividade, balconistas, telefonistas, enfermeiras, bancários, tudo no batente ou correndo para. O apresentador fez uma pausa, mudou de tom:

— Agora, o contraste. Em pleno dia de trabalho, com a cidade funcionando a mil por cento para produzir riqueza e desenvolvimento, os inocentes do Leblon dedicam-se à pescaria sem finalidade. Aí estão esses quatro folgados, esquecidos de que a Guanabara enfrenta problemas seríssimos, e cada hora desperdiçada reduz o produto nacional bruto...

— Canalhas!

— Pai, você é um barato!

— E eu que não sabia que você, em vez de ir para o escritório, vai pescar com a patota, Roberto.

— Se eu pego aqueles safados, mato eles.

— E peixe, pai, você não trouxe o peixe pra casa!

— Não admito gozação!

— Que é que vão dizer amanhã no escritório!

— Desliga! Desliga logo essa porcaria!

Para aliviar a tensão, serviu-se uísque aos adultos, refrigerante aos garotos.

Carlos Drummond de Andrade. *Os dias lindos – crônicas*. Rio de Janeiro: Record, 1990.

- O **texto cômico** possui as mais variadas finalidades e diferentes modos de apresentação da "realidade". Entre outras modalidades podemos citar a anedota, que é um fato engraçado narrado, na maioria dos casos, por alguém que não participa dele. Existe ainda: ironia sutil, humor negro, paródia, sátira política, sátira religiosa, epigrama, farsa, comédia e pensamentos humorísticos.
"É possível fazer graça sem apelação ou preconceito." (Renato Aragão)

- **Parlendas** são versos infantis, com rimas ou bem sonoros, de cinco ou seis sílabas, que têm por finalidade divertir e ajudar a memorizar.

- Releia a crônica "Pescadores" e responda às questões.

22. O texto "Pescadores" faz alusão a uma parlenda. Identifique, no texto, que palavras fazem referência a uma parlenda. Você saberia escrevê-la?

23. Que estratégia a equipe de televisão usou para cativar os jovens executivos?

24. Na sua opinião, a equipe de tevê fez uso responsável da mídia? Por quê?

25. Identifique no texto a pontuação usada com frequência nos diálogos. Transcreva algumas frases com exemplos desses sinais de pontuação.

26. Nas 15 últimas linhas do texto, aparece muitas vezes o ponto de exclamação. Ele expressa sentimentos iguais ou diferentes dos personagens? Explique.

27. Você achou o texto cômico? Justifique a sua resposta.

EXCURSÃO

O ônibus roncava na subida
e como era difícil o amor de Mariana,
de blusa rala e jeans apertado!
A viagem nem tinha começado
e eu ali, em meio ao vozerio, cantava
batendo nos bancos,
e a professora pedia um pouco de silêncio,
pelo amor de Deus, vou ficar surda,
e a turma batucava e batucava
e batucava no meu peito
um coração pedindo estrada
e tu, nem te ligo,
conversavas com Luísa, ajeitando uma rosa branca
nos teus cabelos lisos,
ô Mariana, vê se me vê, pô, estou aqui,
louco de você, e me calava,

ouvindo o ônibus cheio de amor pela estrada
que diante dele se torcia
machucada.

Sérgio Caparelli. *Restos de arco-íris*.
Porto Alegre: L&PM, 1985.

28. "O ônibus roncava na subida".

A forma verbal "roncava" indica:

a) ( ) A velocidade do ônibus.
b) ( ) A dificuldade com que o ônibus subia.
c) ( ) O motor estava falhando.

29. O que o personagem quis dizer com "era difícil o amor de Mariana"?

30. Que expressão da professora indica que a barulheira era grande?

31. "... a turma batucava e batucava". O que indica a repetição do verbo?

32. De quem é o amor citado no trecho: "... o ônibus cheio de amor"?

33. Ao registrar a fala da professora, o autor do texto não fez uso da pontuação normalmente utilizada. Reescreva o trecho usando a forma comum de pontuar.

34. Dê outro título para o poema.

161

APELO

Eu quero no meu canto,
a juventude ativa,
a geração roupa-nova
de ideais a toda prova,
contestadora!
Juventude que questiona,
mas também se posiciona.

Eu quero no meu canto
a juventude exigente,
que cria, se aperfeiçoa
interior e exteriormente,
inovadora!
Geração que busca o crédito
pelo verdadeiro mérito.

Eu quero no meu canto,
a juventude potente,
saudável de corpo e mente,
de pés no chão!
A juventude forte,
que ao álcool diz não,
que ao fumo diz não,
e à droga, mil vezes NÃO!

Eu quero a juventude
no meu canto.

Dorival Coutinho da Silva, especialmente
para este caderno.

35. A que o poeta refere-se ao usar a expressão "juventude ativa"?

36. O poeta quer uma geração com "ideais a toda prova". O que você entende por ideal?

37. Por juventude contestadora entende-se uma juventude:

a) Que aceita tudo o que lhe é imposto sem prévio exame. ( )

b) Que não aceita nenhuma imposição. ( )

c) Que aceita somente aquilo que lhe interessa. ( )

d) Que contesta, isto é, que se opõe àquilo que não está certo. ( )

38. O que se entende por "juventude que questiona"?

39. O que o poeta quis dizer com: "Eu quero a juventude de pés no chão"?

40. Podemos separar o texto em duas partes. Qual é o fato que motiva a mudança do estado de espírito das meninas e marca a segunda parte do texto?

41. Qual é o estado de espírito das meninas:

a) antes do crime?

b) depois do crime?

ESSAS MENINAS

As alegres meninas que passam na rua, com suas pastas escolares, às vezes com seus namorados. As alegres meninas que estão sempre rindo, comentando o besouro que entrou na classe e pousou no vestido da professora; essas meninas; essas coisas sem importância.

O uniforme as despersonaliza, mas o riso de cada uma as diferencia. Riem alto, riem musical, riem desafinado, riem sem motivo; riem.

Hoje de manhã estavam sérias, era como se nunca mais voltassem a rir e falar coisas sem importância. Faltava uma delas. O jornal dera notícia do crime. O corpo da menina encontrado naquelas condições, em lugar ermo. A selvageria de um tempo que não deixa mais rir.

As alegres meninas, agora sérias, tornaram-se adultas de uma hora para outra; essas mulheres.

Carlos Drummond de Andrade. *Contos plausíveis*. 7 ed. Rio de Janeiro: Record, 2006.

42. Observe este trecho e assinale a alternativa que corresponde a ele.

"... essas meninas; essas coisas sem importância."

a) As meninas são coisas sem importância. ( )

b) As meninas despreocupadas adoram falar sobre coisas corriqueiras, comuns. ( )

43. Como o autor diz que se pode diferenciar cada menina despersonalizada pelo uniforme?

44. Que frase denota a profunda tristeza das meninas pela morte da colega?

45. O sofrimento faz as pessoas amadurecerem rapidamente na vida. Que frase do texto nos transmite essa ideia?

46. Qual é o tema desse texto?

47. O autor diz no texto: "A selvageria de um tempo que não deixa mais rir". Responda:

a) Você considera que está num tempo semelhante ou diferente desse? Explique.

b) Em sua opinião, o autor revela um pessimismo? Por quê?

48. Que outro título você daria ao texto?

DANÇA DO DESEMPREGADO

Essa é a dança do desempregado
Quem ainda não dançou tá na hora de aprender
A nova dança do desempregado
Amanhã o dançarino pode ser você

E vai levando um pé na bunda vai
Vai pro olho da rua e não volta nunca mais
E vai saindo vai saindo sai
Com uma mão na frente e a outra atrás
E bota a mão no bolsinho
(Não tem nada)
E bota a mão na carteira
(Não tem nada)

E vai abrindo a geladeira
(Não tem nada)
Vai procurar mais um emprego
(Não tem nada)
E olha nos classificados
(Não tem nada)
E vai batendo o desespero
(Não tem nada)
E vai ficar desempregado

E vai descendo vai descendo vai
E vai descendo até o Paraguai
E vai voltando vai voltando vai
"Muamba de primeira olhaí quem vai?"
E vai vendendo vai vendendo vai
Sobrevivendo feito camelô
E vai correndo vai correndo vai

O rapa tá chegando olhaí sujô!...
E vai rodando a bolsinha
(Vai, vai!)
(...)
E vai ganhando uma graninha
E vai vendendo o corpinho
(Vai, vai!)
E vai ganhando o leitinho
(Vai, vai!)
É o leitinho das crianças
(Vai, vai!)
E vai entrando nessa dança

Refrão

E bota a mão no bolsinho
(Não tem nada)
E bota a mão na carteira
(Não tem nada)
E não tem nada pra comer
(Não tem nada)
E não tem nada a perder
E bota a mão no trinta e oito e vai devagarinho
E bota ferro na cintura e vai no sapatinho
E vai roubar só uma vez, pra comprar feijão
E vai roubando e vai roubando e vai virar ladrão
E bota a mão na cabeça!
(É a polícia!)
E joga a arma no chão
E bota as mãos nas algemas
E vai parar no camburão
E vai contando a sua história lá pro delegado
"E cala a boca, vagabundo, malandro, safado"
E vai entrando e olhando o sol nascer quadrado
E vai dançando nessa dança do desempregado

Gabriel o Pensador. Dança do desempregado.
In: *Quebra-cabeça* (CD). Rio de Janeiro: Sony, 1997.

49. Assinale as alternativas que estão de acordo com o texto.

O tipo de desempregado apresentado:

a) Tem capacidade de trabalho. ( )

b) É violento. ( )

c) Tem iniciativa. ( )

d) É malandro. ( )

- Explique a(s) alternativa(s) que você escolheu.

52. Que adjetivos o delegado usou para se referir ao desempregado? Você acha que o representante da lei agiu corretamente? Por quê?

53. Que outro título você daria à música de Gabriel o Pensador?

50. Assinale os versos que denotam a situação financeira do desempregado e o caracterizam como uma pessoa de algum poder aquisitivo.

a) "Com uma mão na frente e outra atrás" ( )

b) "E vai abrindo a geladeira" ( )

c) "Muamba de primeira olhaí quem vai?" ( )

51. No verso: "Vai procurar mais um emprego", que expressão demonstra a insistência do desempregado em conseguir trabalho? Justifique sua resposta.

UM SONHO ECOLÓGICO

Eu via o pôr do sol e meu lado criança entendia que o sol era uma pipa que estava sendo recolhida do céu por alguém que havia brincado o dia inteiro.

Minha imaginação permitiu que eu fosse uma gaivota e tentasse acompanhar o espetáculo, de cima. Então, me senti de asas abertas, desafiando o vento e ganhando altura.

Quando escureceu de vez fui coruja e pela primeira vez pude ver na escuridão. De manhã, eu, andorinha em voos rasantes, passei a centímetros de prédios, antenas, telhados...

Uma chuva me surpreendeu e, encharcado, mergulhei no oceano. Fui golfinho, polvo, fiz parte de cardumes, pesquisei as profundezas do mar, descobri cavernas, montanhas. Desafiei meus limites como baleia e fiquei encalhado na praia.

Sendo tartaruga me libertei da areia e fui lentamente caminhando em direção à mata, tomei banho de sol como crocodilo, fui ganhando patas ágeis, corpos flexíveis. Fui leopardo, tigre, antílope. Acho que tive o pescoço mais comprido do mundo, depois brinquei com a minha tromba, pensei em me ver no espelho e fiz muitas macaquices.

Dancei nos desertos como avestruz e, porque a sede bateu, fui camelo e me saciei no meu próprio reservatório.

Dei sustos, quando fui hipopótamo, brinquei bastante como foca, vivi bons momentos como rinoceronte e fico emocionado quando me recordo da minha vida de chinchila nas montanhas do Peru e do Chile.

Migrei como cegonha, vi Deus nos nascimentos.

O frio e o cansaço fizeram de mim um urso sonolento se preparando para hibernar.

Dormi o mais longo dos sonos e acordei pensando em continuar experimentando vidas irracionais. Só que meu lado racional me mostrou os riscos que eu havia corrido. Os homens podiam ter acabado com a minha vida de hipopótamo, interessados na minha pele e no marfim dos incisivos. Podiam ter me fuzilado em plena dança de avestruz, visando minhas longas penas brancas para fazerem enfeites. Se me encontrassem como foca, ou me matariam para confeccionar roupas esportivas com a minha pele, ou me levariam para fazer gracinhas que dão dinheiro. Minha preciosa vida podia ter sido abreviada por um arpão.

Pobre de mim se tivessem me visto como chinchila, como leopardo, como irracional. Corri sérios riscos de ser enjaulado, engaiolado, castrado, embalsamado. Como cegonha, eu estaria migrando para o fim.

Por segurança, fui me levantando como ser humano e meu lado realista me disse:
– Muito cuidado com os homens!

João Justino Leite Filho, especialmente para este caderno.

54. O que o lado criança do narrador lhe permitia?

55. De que forma o narrador consegue se transformar em tantos animais?

56. O autor do texto cita o nome da maioria dos animais em que se transformou, porém não de todos. Pelos trechos seguintes, identifique a que animais ele se referiu.

a) "... Fiz parte de cardumes..."

b) "... Acho que tive o pescoço mais comprido do mundo..."

c) "... depois brinquei com minha tromba..."

DITADO

57. Segundo o texto, por que os homens abatem tantos animais selvagens?

a) Por esporte. ( )

b) Pelo prazer de matar. ( )

c) Movidos pela ganância. ( )

d) Para saciar a fome. ( )

e) Para obter lucros. ( )

58. No final do texto, que conselho o lado racional do narrador dá para si mesmo?

59. O texto é um alerta. Para o que o autor consegue chamar a nossa atenção?

60. O que você entende por "respeito à natureza"? Até que ponto temos o direito de utilizar os recursos naturais?